拒绝 "拒绝"

搞定客户说 "不" 的86个情景案例

李星辉　编著

企业管理出版社

ENTERPRISE MANAGEMENT PUBLISHING HOUSE

图书在版编目（CIP）数据

拒绝"拒绝"：搞定客户说"不"的86个情景案例 /
李星辉编著. —北京：企业管理出版社，2014.3

ISBN 978-7-5164-0688-5

Ⅰ.①拒… Ⅱ.①李… Ⅲ.①销售－方法
Ⅳ.①F713.3

中国版本图书馆CIP数据核字（2014）第013976号

书　　名：拒绝"拒绝"：搞定客户说"不"的86个情景案例
作　　者：李星辉
责任编辑：宋可力
书　　号：ISBN 978-7-5164-0688-5
出版发行：企业管理出版社
地　　址：北京市海淀区紫竹院南路17号　邮编：100048
网　　址：http：//www.emph.cn
电　　话：编辑部（010）68701408　发行部（010）68701638
电子信箱：80147@sina.com　zbs@emph.cn
印　　刷：北京博艺印刷包装有限公司
经　　销：新华书店
规　　格：710mm×1000mm　1/16　13印张　285千字
版　　次：2014年5月第1版　2014年5月第1次印刷
定　　价：39.90元

目录

前　言　成交从拒绝开始

第一章　电话接通，话未说完，便被否定

——多数客户对销售人员有防范之心

成功预约客户是销售人员接近客户的第一步，也是整个销售的基础，而电话预约是销售人员预约客户最方便、最经济的手段之一。

电话预约可以直接定好与客户面谈的时间；拜访之前先通过电话联系一下，可以避免盲目拜访而扑空；应用电话联系不受上班时间的限制，增加了联系的机会。然而，由于客户对销售人员存有防范之心，往往是话未说完，便被客户以各种理由（如没兴趣、没时间、不需要、没预算等）拒绝了。其实，原因很简单，那就是销售人员没有掌握电话预约的技巧和话术。

第二章　主角未见，小鬼挡路，如何继续

——一道看似不可攻破而虚掩的门

大多数销售人员可能都遇到过这样的情景：拜访或者预约客户时，对方的前台或秘书似乎是一道牢不可破的门。俗话"阎王爷好见，小鬼难缠"说的就是这个道理。因为前台、秘书、助手们训练有素，拖延、拒绝的借口信手拈来，致使很多销售人员花了无数的时间和心机，却总也见不到想要约访的客户。为了能直接与目标客户通话或见面，达成销售目的，销售人员必须懂得应用一些处理技巧，成功突破客户秘书这道接触客户过程中最大的障碍。

记住，前台和秘书都是纸老虎，遇到他们的阻拦时，可以跟他们套近乎，也可以语气坚定、严肃地讲话，用强有力的语言镇住对方。总之，不管他们的借口多么多、壁垒多么森严，只要销售人员肯动脑筋，还是有很多方法可以应对的。

第三章　初次会晤，交谈片刻，客户欲去

  ——拒绝是客户最为常态的一种反应

  也许是因为客户怀有"被人求"高高在上的心态，也可能是因为对那些每日数量众多进出频繁的销售人员司空见惯。因此，当销售人员满怀热情地去拜访客户时，常常是一开口就遭到了激烈的拒绝。例如，有的客户会不耐烦地说："我现在在忙。"甚至对那些来访的销售人员爱答不理。其实，一个销售人员的突然来访，本身就是一位不速之客，因而遭到客户的拒绝是最为常态的一种反应。销售人员遭白眼、受冷遇、吃闭门羹、被无情拒绝，也就不足为奇了。其实，只要找准切入点，将话说到点子上，你会觉得销售拜访并非想象中那样棘手——拜访成功，其实也简单！

第四章　沟通交流，戒心不减，问题多多

——谁都想买到最好最实惠的产品

在销售公关的过程中，本来前期沟通非常顺利、愉快，突然客户就有了异议或要求，如要求与经理谈、产品不符合要求等，似乎一下就陷入了沟通僵局。很多销售人员遇到这种情况，就找不到其他的方式去继续与客户沟通了。其实，当销售沟通走到这一步的时候，客户的心已经被我们打动了一半，这时他们的任何拒绝都是为了得到最好最实惠的产品。因此，销售人员此时要做的就是用"神奇"的话语和高超的产品介绍话术钩住客户，让客户知道你带给他的就是最好最实惠的产品。

第五章　眼看成交，仍有疑惑，再次犹豫

——挑毛病的才是真正会购买产品的人

在整个销售过程中，最后的成交阶段其实也是客户最容易提出异议的阶段。通常，在展示完产品之后，销售人员就会要求成交，但客户一定会有一些异议呈现出来："价格太高"、"产品质量怎么样"……其实，客户提出这样看法或意见就代表他们发出了购买信号。面对这些"购买信号"，销售人员首先要做的不是逃避或者试图掩盖，而是趁热打铁，进一步强化产品利益。此时，销售人员要说的每一句话，都要真诚、自信，这样才能更好的说服客户，顺利成交。

前言

成交从拒绝开始

销售是相当难的。难在什么地方？难在客户的拒绝。没错，在销售过程中，从最初的电话预约到最后成交的"临门一脚"，销售人员似乎随时都在不停的受到客户的拒绝：

预约时，电话刚接通，话未说完，便被否定；

拜访时，主角未见，却被"小鬼"拦路；

初次会晤，交谈片刻，客户欲去；

沟通交流中，戒心不减，问题多多；

眼看成交，客户却仍有疑惑，犹豫不决，迟迟不能签单

……

怎么办？为什么客户总是这么"不够意思"，不断"卖关子"？这一切都说明了一个问题，销售就是和"拒绝"作战。所以，才有人说："没有拒绝就没有成交。"美国著名推销大师汤姆·霍普金斯也说过这样一句话："一旦遇到异议，成功的推销员会意识到——他已经到达了金矿；当他开始听到不同意见时，他就是在挖金子了；只有得不到任何反对意见时，他才真正感到担忧，因为没有任何异议的人一般不会考虑购买。"问题找到了，但问题的关键在于怎样才能化解和消除客户的各种异议和拒绝。这个关键就是怎么说、如何说，即所谓的话术。

在销售的整个过程中，产品是核心，但围绕产品之外的话术更能决定销售成败。实际上，无论什么样的产品、什么样的购物环境、什么样能力层次的销

售人员，面对客户的销售都是语言艺术的体现。通过有技巧的语言表述，获得客户的感知、联想、共鸣、快乐，拒绝也就消失无踪。所以说，销售技巧，最终的归结都是语言的技巧。"一言兴邦，一言丧邦"放在今天的商业环境里依然适用，只是邦变成了客户。说对了、说准了、说好了就能成交一个客户，说错了、说偏了就会流失一个客户。

销售首先应该建立在客户对销售人员、产品信任的基础上，客户需要深度了解企业、产品还有销售员这个人。销售人员不可能让客户没戒心，消除戒备不是拿刀斧硬砍，而是用客户能接受并乐于接受的语言方式激起他了解的兴趣，点燃客户心里的欲望，再逐步放大，最后做出决定：你说的很对，有道理，我无法拒绝。所以，出色的销售人员从来不会因为受到客户的拒绝而停止推销，反而是在"享受"着拒绝。他们总能用高超的语言技巧，轻松的将客户的拒绝化于无形。

本书就是针对客户在不同销售阶段的拒绝场景，提炼和总结了一些优秀销售人员的应对话术，目的是给在销售路上打拼的人提供一个可"复制"的成功。

相信话术的力量，一切皆有可能！在此衷心希望所有读者都能从本书中有所收获，将一切"不可能"变成"可能"。

第一章

电话接通，话未说完，便被否定

——多数客户对销售人员有防范之心

　　成功预约客户是销售人员接近客户的第一步，也是整个销售的基础，而电话预约是销售人员预约客户最方便、最经济的手段之一。

　　电话预约可以直接定好与客户面谈的时间；拜访之前先通过电话联系一下，可以避免盲目拜访而扑空；应用电话联系不受上班时间的限制，增加了联系的机会。然而，由于客户对销售人员存有防范之心，往往是话未说完，便被客户以各种理由（如没兴趣、没时间、不需要、没预算等）拒绝了。其实，原因很简单，那就是销售人员没有掌握电话预约的技巧和话术。

本章导读

情景一
"我对这个产品不熟悉，不想买"
——认同理解，用产品利益吸引客户

【情景设置】

付远是某证券公司的客户经理，主要负责开拓新客户，为客户推荐和管理理财产品。这天，付远根据公司提供的客户名单，拨通了一位客户的电话：

"上午好，杜先生。"付远礼貌地说道。

"你好，你哪位？"电话另一边传来一位中年男士的声音。

"杜先生，我是××的付远，今天给您打电话主要是想看在证券投资方面是否有与您合作的机会，想约您见一面。"付远诚恳地回答，并提出自己打电话的目的。

"证券投资？对不起，我对这个不熟悉，不想做。"对方客气地回绝道。

如果你是付远，这个时候会怎么做呢？

□ 立即向客户解释产品，期望客户能答应约见。

□ 挂断电话，放弃沟通。

在遇到类似的情况时，大多数的销售人员都会采取上面两种方式的一种。

第一种方式，看似抓住了沟通的机会，有可能使客户回心转意，甚至能预约成功。但大部分情况下，客户的反应都是挂断电话或者再次委婉拒绝。这样既不能预约到客户，也没有达到确认客户是否是潜在客户的目的。因此，这种回答并不明智。

第二种方式更不可取，因为这是对自己的否定。

实际上，客户这样说，可能有多个原因，如确实不了解这个产品，也或者仅仅是客户的推托之词。这种情况下尽量不要急于反驳或解释，否则会适得其反。最好的办法是先认同理解客户。那么，什么是认同理解呢？认同就是客户在与销售人员沟通的时候找到了自己熟悉的感觉，找到了与自己内心的共鸣。其实，客户在决定购买某种产品的时候都需要一个自我证明的过程，这是一个心理活动。客户需要证明自己的决策是正确的，销售人员就需要给予客户尽可能多的支持性的信息。让客户对企业和销售人员产生很舒服的感觉，让客户产生感性认识。做到了这一点，也就消除了客户的戒备心理，接下来的预约或者销售也就会变得水到渠成了。

追求认同的最大化是人的基本心理。认同理解其实也是一种赞美客户的方式，这种方式更加让客户乐于接受你的预约。销售人员需要学会认同客户的观点，这是最重要的一种获得认同的方式，这是一种让你变成客户朋友的最好方式。当然，认同客户的同时还要记住自己打电话的目的。因此，使用这一方法时，销售人员须完成以下两个步骤：

1. 从认同感上满足客户需求。任何情况下，都先认同客户的话，先满足客户的需求，减低对方的气势，创造继续交谈的机会。

2. 导入自我需求。认同客户所说的话，并不等于同意他的说法，因为销售人员自己的需求尚未达成。因此，在认同客户的反对点后，还要趁势扭转为购买点。

实际上，不论是电话预约还是上门拜访的销售过程中，认同理解客户的反对点，是化解客户戒心、争取客户好感的最有效的方法。那么，电话预约时，如果客户用："我对这个产品不熟悉，不想买"等话语拒绝时，销售人员可以这样回复：

话术1

"我很理解您的顾虑。我们公司的很多客户刚开始的时候和您的反应是一样的。但当我们见面，向他们介绍了相关产品后，他们都很感兴趣。相信您也不想错失赚钱的好机会。要不这样，杜先生，这星期我去拜访您，你看是星期三上午还是星期四上午方便？"

【点评】

这样的回答，首先对客户的观点表示认同和理解，取得了客户的好感。随后，利用客户的从众心理，举例说明购买这个产品的好处，最后用产品带来的利益（赚更多的钱）吸引客户，达到预约的目的。

话术2

"正因为您不了解，所以才需要了解。也许您现在很忙，对证券投资也很陌生，但我希望你抽出时间来了解一下，给自己一个赚钱机会，给自己的资金一个选择。随着中国经济的快速发展，证券投资正越来越受到投资者的关注，相信您也是很有投资理念的人。因此，为了您资金的保值安全，为了您的资金能稳定增值，请您抽出点时间了解一下，明天上午10点我去拜访您吧！"

【点评】

这样回复，除了认同理解客户外，实际上还间接的赞美了客户，缓和了沟通的气氛。然后用产品带来的利益（资金增值）吸引客户，进而成功预约到客户。

客户有自己的观点和看法，作为销售人员不能直接否定或者指出，这样的方法只会让你与客户的关系越来越僵。因此，先认同客户的反对点，再顺势化解客户的异议，这就是技巧。

情景二
"我已经接过很多这样的电话了，不要再打了"
——自信执着，找准关键点说服客户

【情景设置】

甄敏是某图书出版公司的业务员，主要负责销售教辅类图书。一天，甄敏从网上搜集信息，发现了一位潜在客户，于是想办法拿到了客户的联系方式，并拨通了客户的电话：

"您好，周校长。"甄敏礼貌地说道。

"你好，有什么事吗？"电话另一边传来一位中年女士的声音。

"周校长，我是××的甄敏，我公司是一家专门从事新课标教育研究的机构。我了解到我们学校从今年开始推行新课标教学，今天给您打电话主要是想就新课标教育方面的问题与您交流一下，想约您见一面。"甄敏热情地回答，并提出自己打电话的目的。

"又是新课标？我已经接过很多这样的电话了，不要再打了。"对方恼怒地说。

如果你是甄敏，这个时候会怎么做呢？

□ 急忙澄清，对客户说自己是第一次给她打电话。

□ 死缠烂打，说只占用对方几分钟时间。

□ 向客户道歉，说打扰了，然后挂断电话。

在遇到类似的情况时，大多数的销售人员特别是销售新手都会采取上面三种方式中的一种，然而却都不是最理想的方式。

第一种回答急于向客户澄清解释甚至是反驳，只会让客户更加反感。这种情况下，客户是听不进销售人员任何解释的。

第二种方式虽说有时候会有一定的效果，但在客户恼怒的情况下，这样无疑是"自取灭亡"。

第三种方式是退却的表现，这绝不是销售人员应该做的。

实际上，这种情况下，销售人员无论是反驳还是退却都无法解决问题，无法达到预约的目的。那么，到底如何应对这一状况呢？

首先，我们要了解客户这样回答的原因，大致有三：

1. 本公司其他同事曾经给该客户打过电话。

2. 自己曾经打电话给该客户。

3. 其他公司的人打过电话给该客户推荐过同类产品。

无论是上面的哪种原因，出现这种情况都不好解决。第一种以及第二种原因实际上与公司以及销售人员的自身管理有关。当今社会，人人都很忙，如果客户连续接到几个来自同一家公司的电话，推销同一类产品，他们就会很不耐烦，心里会对这家公司产生恶劣的印象。因此，即使客户有需求，也不会和这家公司合作。为了防止此类现象的发生，公司要对销售人员进行规范管理。另外，销售人员也要学会对自己的客户资料进行有效管理，如建立客户信息记录表等。

客户信息记录表

客户编号：		客户来源：			业务员：	结识日期：
客户姓名		联系电话			QQ或邮箱	
所在部门				职务		
沟通时间	沟通方式		沟通经过		客户情况	备注
首 次 结 识						
月 日 时 分						
月 日 时 分						
月 日 时 分						
月 日 时 分						

此外，销售人员也要明白，客户这样说就证明以前打过他电话的销售人员都失败了，自己还有机会。面对此类客户，如果销售人员的表现与先前打电话给他的人是一样的，那么得到的回答也会是一样的。因此，要想得到不一样的回答，就要有与众不同的表现。

在具体工作中，销售人员可以这样化解客户的拒绝：

话术

"周校长，这正是我这次打电话给您的原因……"

【点评】

这样的回答，语气要诚恳，并且要迅速接上客户的话。而且，这样说会让客户感觉很困惑，想进一步知道销售人员这样做的原因。只要能打破这个僵局，此后再沟通预约就方便多了。

话术2

"周校长，您可能误会了，今天打扰您，其实主要是想请教您一个问题。"（先打开话题，然后再寻机预约）

【点评】

这样回答是采用了请教或者求助的方式来化解客户的抱怨。因为人人都有"好为人师"的心理，这样回答可以有效化解客户的坏情绪，进而达到预约目的。

话术3

"周校长，很抱歉。今天打电话给您，是因为不久前我们为您的朋友××校长所在的学校提供了××产品，他认为我们学校也可能需要这样的产品，所以，推荐我联系您的。"

【点评】

熟人介绍永远是最有效的方法，能够快速降低客户的戒心和反感，吸引客户的注意力。另外，在之后的沟通中，销售人员要尽量讨论客户最关心的问题，激发客户的好奇心，进而提出面谈要求，一切就自然多了。

总之，销售人员要记住电话预约的目的是约见客户，无论使用何种技巧，都应让对方觉得很有必要与你见面，这是电话预约的基本原则。

情景三

"我现在没时间，你待会儿再打"
——借力发力，巧妙说出为客户能提供的解决方案

【情景设置】

小张是某培训公司课程推广部专员，其主要的工作就是开拓客户。这天，他拿着上司提供给他的客户名单，按照上面的联系方式拨通了客户的电话。片刻后，电话接通了。

"您好，请问您是××公司的罗××先生吗？"小张客气而礼貌地说道。

"您是谁，有什么事吗？"小张听到一个沙哑的中年男人的声音。

"是这样的，我是××培训公司的小张，我们公司……"小张按着就职前培训的方法开始向对方介绍起要推广的课程，没想到却被对方打断了。

"对不起，我现在没时间，有什么事你待会儿再打！"那个男人说道。

如果换做你是小张，这个时候会怎么做？

□ 顺从对方的意思，挂断电话，以后再说。

□ 继续死缠烂打，说只会占用对方一点时间。

在遇到类似的情况时，大多数的销售人员都会采取上面两种方式的一种。

第一种方法看起来是维护了客户的面子，好似为自己进一步的工作奠定了良机。可是，客户的"以后再说"到底是什么时候呢？作为销售人员恐怕没谁会像侦探、特工一样，24小时跟踪注意对方的一举一动吧？当你再次打电话给对方，对方依然可能会用"我没时间"等类似的借口来拒绝你。你依然顺从了对方的意思，过段时间再跟他联系。一次、两次或许没什么，但是次数一多，又会怎样呢？他们会觉得你很烦。当你再次拨打电话时，对方只要一看到你的号码，就可能立刻按下拒绝接听的按键。想想看，你连与对方接触沟通的机会都没了，又怎么会让对方接受你所推荐的产品或提供的服务呢？

第二种方法是很多销售人员常用的方式，特别是一些有一定经验的销售人员。这看似主动的方法似乎会取得一定的效果。因为在众多的销售技巧书籍或者是销售培训讲座中，都会提及到这一点，认为用这样的方式能够突破客户的心理防线。真是如此吗？为了能够更好地弄清楚这一点，我们不妨转化一下角色，自己扮一次客户，突然间有一个电话打进来，向你推销某种产品。你会怎么做呢？对于这样的事，大多数人都会抱有警惕之心，不想跟对方多说什么，而"没时间"是最好的借口。可当你说完那句话后，对方仍然说："没时间没关系，我只会占用你很少的一点时间……"这个时候，你会有什么样的感觉呢？要么挂断电话，要么会出于礼貌让对方说完再挂断电话。不管你是在什么时候挂断电话，心中都有这样的感觉：这人真够烦的。

客户之所以发生消费与购买的行为是从认可销售人员本身开始的。对一个普通客户，他即便是很想购买某件商品，有需求，但却不喜欢卖商品的人，他们也是很难做出购买的决定。举一个最简单的例子：你每天早上都可能会买早餐，然而，当你在买早餐时，对方拉着脸，对你一副爱理不理的样子，恐怕这个时候你想买早餐的欲望一点都没了，很有可能会转身离去。那么，面对客户以"没时间"为借口来拒绝销售人员时，到底应该怎么办呢？是放弃，还是像上面所说的那样只占用一点时间而继续下去呢？显然，这都不是最好的办法，稍有不慎就会让可能会为你带来销售业绩的客户离你远去。

要想很好地解决这一问题，首先要做到的就是给自我设定一个目标，也就是给自己设置一个想要达到的结果。

无论你要达到什么样的预期效果，对一名销售人员来说，都要先想办法消除客户心中的警惕心、排斥心理，在他们心中留下好的印象。表示理解与尊重，这是销售应该把握的关键。

表示理解——会让对方觉得你还通情达理，不像别的销售人员那么烦。

表示尊重——人人都希望被得到尊重，当你表示对对方尊重时，对方就极有可能会耐心地倾听你所说的话。

作为销售人员在电话预约时遭遇到"没时间"的拒绝时，应该怎样消除达到所想要的结果呢？当然，你不可能直接跑到对方面前倾诉，而是应当以适当的形式运用好语言，让电话的听筒传递出你对对方的理解与尊重。那么，怎么说呢？以下就是一些优秀的销售人员在面对这类拒绝时的应对方法，很值得借鉴：

话术1

"您没时间啊！（以一种意外的语气）这个我可以理解，大老板忙是必然的。不过，我今天下午正好去拜访您公司附近的一位客户，很想顺便过去跟你沟通一下，不需要占用您多少时间。不知道您方不方便，如果不方便的话，您看看哪天有时间，下个星期一下午或者星期三下午，你看可以吗？"

【点评】

这样的回答既能体现出你对对方的理解和尊重，又看似将主动权交给对方，实质上是让对方在你规定的选择中做出一个你所期望的选择。这样一来，即便不能当时见面，但却为自己留了一个下次见面的机会。

话术2

"罗总，您没时间说明您是一个生活充实的人，不过老话说的好，'磨刀不误砍柴工'，我们的课程能够帮助您更合理地管理时间，从而有效地提高您的工作效率以及生活效率，相信您不会拒绝这样的机会吧，是不是？"

【点评】

这样的回答在不显山不露水地对客户进行了褒奖，能让对方感受到足够的尊重，从而在客户心中留下一个较好的影响。在此基础上，你传递出所要表达的信息，并与客户自身的利益结合起来，让客户感到产品的重要，尔后加以假设的提问，会让客户顺着您的思维思考，从而能很好地获得见面的机会。

在面对客户以"没时间"为理由拒绝时，要想打破对方的防线，方法有很多，并非只是上述两种。只要销售人员心中有一个明确现实的预期结果，并把握住"理解"与"尊重"这两个关键词，便能组织好自己的语言，在无形中变被动为主动，进而获得与客户面对面交流沟通的机会，让自己更进一步接近成功。

情景四

"你说的这些，我没兴趣"

—— 顺水推舟，从"兴趣"下手建立沟通机会

【情景设置】

楚媛是某软件公司销售部新进员工，这份工作的第一步就是开拓客户。

经过一周的培训后，楚媛上岗实练。她拿着公司提供给她的一份客户名单，按照上面的联系方式拨通了一位客户的电话。

"您好，请问李总在吗？"楚楠礼貌地说道。

"我就是，你是谁？"话筒那边，李总的声音有点冷漠。

"您好，李总。我是××软件公司业务员楚媛，我们公司新开发了一种财务软件，非常适合贵公司的业务，您看您什么时候有时间……"楚媛刚说到这里，就被对方打断了。

"财务软件？我对那个没有兴趣。不要再给我打电话了。"对方说道。

如果你是楚媛，会怎样将电话继续下去呢？

□ 顺从对方的意思，挂断电话，将客户姓名从名单上划掉。

□ 固执的说下去，说客户一定会感兴趣。

现实工作中，很多销售人员往往会采用以上两种方式的一种。

第一种方式表面上看是尊重了客户的想法，但这也意味着失去了一位潜在客户，也失去了销售工作的初衷。其实，我们还可以再往前推一步，最起码能得到一个和客户下次约见的机会，而不是终止。

第二种方式有时会取得很好的效果，有利于成交。但这未免有点过于激进，甚至有时候会冒犯客户。通常情况下，客户对陌生电话都有防备之心。而且很多客户每天都可能会接到很多这样的推销电话，会有一定的厌烦心理。客户能接听是出于礼貌。如果心情不好，就可能气愤的挂断电话。把客户的耐心消耗掉，自然也就没有了往下沟通的机会。所以，这种方法并不可取。那么，当客户以"没有兴趣"拒绝你的时候，到底应该如何应对呢？

首先，我们要了解一下客户说"没兴趣"可能蕴含的意义。通常情况下，一个人说对一件事情没有兴趣可能有四个原因：

1. 有所了解，但有误解，所以"没兴趣"。

2. 完全不了解，"兴趣"无从产生。

3. 拒绝推销的借口。

4. 很了解，但确实不需要。

一般情况下，客户说"没兴趣"大多是第三种原因。这是很多客户用来拒绝销售人员的常用借口。既然如此，那销售人员要做的就是想办法让客户有兴趣，并且要消除客户的戒备心理，让客户愿意听你说下去。这里采用顺水推舟的方法很管用。俗话说："顺着好吃，横着难咽"。用同理心看待问题，让客户感觉销售人员是站在他们的立场说话，创造良好的营销氛围。所以，聪明的销售人员总是沿着客户的思路说话，这样可以让谈话变得轻松起来。反之，如果总是跟客户的想法对着干，说不了几句，就会把自己和客户的关系弄僵，客户挂断电话，预约失败。这是任何一个销售人员都不想要的结果。所以，当客户用"没兴趣"拒绝你的时候，你要学会顺水推舟说服客户。即在面对客户拒绝时，不妨试着认可客户的观点，顺着客户的说法往前走，然后借势转换思维。不但让客户感觉到备受尊重，还能借势行舟，巧妙达到目的。那么，具体应如何去说呢？以下就是一些优秀的销售人员在面对这类拒绝时的应对话术，值得借鉴：

话术1

"是，我非常理解，对自己完全不了解的事情实在很难产生兴趣，而这恰恰是我要拜访您的原因。我希望我提供的信息能够让您做出明智的决定。所以，我想亲自去拜访您，为您详细介绍一下，您看今天下午或明天上午哪个时间合适呢？"

【点评】

这样顺着客户的思路说话，可以让对方觉得销售人员善解人意，还能平衡对方的心理。这时，你再巧妙地提出自己的建议，就避免了生硬的推销感觉。同时，还符合了二选一的原则，确定了下次见面的时间。

话术2

"对，就是因为您没有兴趣才和您谈，我对有兴趣的人不会跟他谈，因为对方已经知道这么做的好处了！而且，任何一个有意义的东西，无论是否有兴趣，了解一下总是没有坏处的，您说，是吧？"（然后预约时间）

【点评】

如此回答，不卑不亢，完全从客户的角度出发，一心为客户着想，让客户很难再拒绝。因为客户无论答"是"或"不是"都浑身不对劲，客户会突然觉得很"衰"，不管怎么说，都会被你顺着接下去。这样一来，你至少就能够获得一个面谈的机会。

话术3

"我们很多老客户刚开始与我们打交道时，也说没有兴趣。但在我说明

××产品将怎样帮助他们提高公司的工作效率，怎样增强产品市场竞争力时，他们马上就会产生兴趣，并且最终购买了我们的产品。现在，我就想让您了解这方面的情况。"（然后预约时间）

【点评】

这样的回答，一方面消除客户的疑虑，强化客户的安全感；另一方面，可使客户产生紧迫感，即其他的公司都已购买了，我们也应该买。另外，客户听完这段话后，可能会询问有多少公司购买了，这时销售人员就能顺水推舟介绍下去了。其实，客户说"没兴趣"的潜台词很可能就是"别想说服我买东西"，无论顾客是否真的没兴趣，销售人员都可以使用顺水推舟的方法回答他们，从而突破客户的心理防线，并且顺利地切入问题核心。当然，要注意的是如果客户本身因为自身原因或者对你推荐的某一个或某一类产品确实不感兴趣，则应该立刻停止关于该产品话题的沟通，转向客户比较感兴趣话题的沟通。甚至要立即停止沟通，找其他合适的机会再说。防止因为过于"执着"而让客户产生逆反心理，将你以后所有的沟通机会都否定掉。

总之，当客户以"没兴趣"为借口拒绝时，要突破对方的防线的方法很多，最关键的一点要把握主动权，实现最初设定的目标，达成预约目的。

情景五
"先把相关的资料寄过来再说"
——精简语言，表述产品内容后再劝导

【情景设置】

张伟是一家医疗器械公司的电话销售人员，主要销售一些先进的医疗器械，下面是他与客户的一段对话。

张伟："您好，请问刘主任在吗？"

客户："我就是，什么事情？"

张伟："刘主任您好，我是××公司，专门生产xx医疗器械的……（话未说完，被客户打断）"

客户："这样吧！你先把资料给我们寄过来，等我们看看再说，好吗？"

如果你是张伟，遇到这种情况会怎么办？

□ 爽快的答应客户，说："那好吧！您的传真号码是？或者您的地址是？"挂断电话，立即发传真，坐等客户来电。

□ 直接问客户让寄资料的真实意图，分辨是否能成为潜在客户。

很多销售人员遇到这种情况时，一般都会采取这样的方式。

第一种方式从表面看来，推销还算比较顺利，但事实证明，那些叫销售人员寄资料和发传真的客户，95%以上是不会有回音的。或者，当你再次给那些发过传真或寄过资料的客户打电话时，得到的答复多半是"没有收到"、"还没来得及看"等答复。这就是事实，当对方不了解销售人员时，发过去的任何资料对客户来说都是无关紧要的。

第二种方式，虽然销售人员采取了比较主动的方式，可以知道客户是否真有需求。但这种方式有时运用不当，会引起客户的反感，让对方感觉你没有礼貌。而且，也可能会丢失一些潜在客户，因为如果客户不需要，就无需寄资料，但或许客户某一天就会有需要，如果有了这份资料，也许就能想到你。由此可见，电话预约或销售时，要尽力争取面谈，不要轻易就答应先将资料寄过去。因为面谈永远是销售人员应该争取的最能够影响客户的销售方式。

要求先寄资料过去是一种非常隐蔽的拒绝方式，就像对方给电话销售人员抛过来的"烟幕弹"，特别是一些新人，最容易中招。那么，遇到这种情况，销售人员该怎么办呢？

首先要明白，我们打电话的目的是争取与客户面谈的机会，资料一定要寄，但应该在电话中先向客户进行简单介绍，表述产品内容后再劝导。让客户心中有一个印象，否则，资料寄了也是白寄。也就是说，这种情况下，至少要做到以下一点或几点：

1.尽量找机会向客户简单的介绍一下公司的产品。

2.尽量约定下一次电话联系的时间或面谈的时间。

3.电话结束后，不管客户是否真的需要资料，都要尽快寄出或传真，或发电子邮件过去。

4.资料寄出后，按约定时间或在较短时间内再次打电话给客户，提出约见请求。

虽然资料只是辅助销售人员的销售工具，但给客户寄送的资料也不可小视。因为不管客户是一种托辞还是其他原因，这至少是一个进步，使我们可以有与客户进一步接触的机会。因此，寄送的资料可以根据目标客户的特点，以及营销策略来选择，如本人名片、说明信、公司的介绍资料、特色服务内容的宣传资料、真实客户案例（比较具有影响力的客户）、报纸杂志上介绍公司或个人的文章的复印件等。

不管怎样，销售人员要明确自己打电话的目的是为了预约客户见面，而不是推销产品。所以，预约过程中，语言要清晰简洁，避免谈论产品的具体信息。

下面来看看销售高手是如何处理"先寄份资料过来"这个借口的。

话术1

"刘主任，因为您的时间宝贵，所以让我先跟您简单的讲一下，再把资料寄给您的话，可以节省您更多的时间。（开始简单介绍产品，预约面谈时间）"

【点评】

这样的回答既在无意中赞美了客户，还在电话中简单介绍了产品。这样就有可能引起客户的兴趣，将电话继续下去。这样的情况下把资料寄过去，成功约见和销售的几率就很大。

话术2

"好！我会马上把资料寄给您。但这些构想只有在符合您个人需求时才有用，我们提供了多种解决方案（简单介绍一种或几种），但有一些细节性的问题我必须亲自和您讨论，当面向您说明才会更清楚。所以，最好是星期一或者星期二的时候，我亲自过去拜访您一趟，您看这两天哪天更方便？

【点评】

这种说法是专门针对客户以传资料为托词拒绝见面的回答。当遇到这样的问题时，销售人员可以告诉客户，单纯的图片或者资料并不能清晰地展现产品的全部内容的，销售人员的解说有助于他们全面深入地了解产品。

话术3

"当然可以，这些资料具有很高商业价值。事实上，我今天下午会在您公司附近，我可以把资料直接拿给您。您看您几点方便？"

【点评】

这样回答一般会得到见面拜访的机会。如果客户坚持要求先寄资料，那么就爽快的答应。否则，会让客户觉得你就是急于推销产品，对方感觉不舒服，容易出现厌烦、排斥心理。

总之，销售人员给客户打电话是为了达到面谈的目的，如果客户只是要求寄资料，通常表明他对产品不是非常感兴趣。这时，销售人员可以进一步争取见面的机会，尽量表述一下产品的内容后再预约，但语言一定要简洁，不可"长篇大论"。同时，产品介绍最好要结合客户的切身利益来阐述。

情景六

"你们是什么公司，怎么没听说过"

——声东击西，用别的问题引开客户注意力

【情景设置】

苏佳是某公司销售人员，主要负责产品销售和市场开拓。

一天，苏佳与朋友聊天，听说某公司正在做一个项目，所需产品恰好与自己公司的产品类似。于是，苏佳想办法得到了该公司主要负责人的电话。

苏佳："您好，是张经理吗？"

客户："我是，你是哪位？"

苏佳："您好，听说贵公司正在做一个项目，需要××产品，我们公司就是生产这一产品的，我想给您介绍一下我们的产品。"

客户："我们现在有固定的合作伙伴，暂时不想换其他公司的产品。我还有事，就这样吧！"

意识到客户要挂电话，苏佳赶紧说道："这不奇怪。但您肯定不会拒绝与一个更优秀的公司合作吧！您如果选择与我们公司合作，一定会让您满意的。"

客户："我现在很忙，没时间听你说。再说你们是什么公司，从来没听说过。我们是不会和一个陌生的公司合作的。"（电话里客户的声音很不耐烦）

如果你是苏佳，这种情况下会如何做呢？

□ 马上在电话里向客户介绍自己的公司和产品。

□ 与客户辩驳，甚至比客户的脾气更大，说："不合作就不合作，你发什么脾气啊！"甚至会更快一步挂断电话。

很多销售人员遇到这种情况时，通常都会表现得不知所措，灰心丧气，或者比客户脾气还大，预约当然会失败。

第一种方式，急忙的向客户介绍公司产品，只会让客户更不耐烦，又有死缠烂打的嫌疑。或许有些客户会听你说下去，但对方没有任何诚意，这无疑是在做无用功，是在浪费电话费和自己宝贵的时间。况且，在电话里我们是无法向客户清晰完整的介绍自己的公司的。很多时候，销售人员越是急于向客户介绍公司或产品，客户就会越集中精力考虑如何拒绝或摆脱这种推销活动。千万不要以为自己的热情推荐、介绍会引起客户的关注，大多数时候会适得其反。

第二种方式显然更不可取，本来客户对这样的销售预约电话就很反感，有偏见。如果销售人员比客户的脾气还大，对方肯定会毫不客气的挂断电话。同时，这意味着你彻底失去了这位潜在客户。

实际上，客户拒绝电话预约的原因常常并不在于产品本身，而在于一种先入为主的心态：他们是在打扰我，是在想方设法让我从口袋里掏钱。面对客户这种心态，销售人员应了解并理解客户的防范心理，想办法用其他问题转移他们的注意力。

用其他问题转移客户的注意力是一种声东击西的策略，我们常说"退一步海阔天空"，销售人员要明白自己打电话的目的是预约面谈，有时候长驱直入地进攻无法取得成功，不如先退一步，把谈论的话题从推销转移到客户喜欢的内容上，或转移话题，逐渐取得对方的信任感，建立一个良好的沟通关系，预约成功的机会自然就大了。在这个过程中，销售人员要注意不要急切地表达自己的意图。

另外，我们还要了解客户说"没听说过你们公司"的原因：

1. 理智地拒绝。

2. 对不熟悉的公司或产品很抗拒。

3. 有购买意向，但不知产品品质如何，公司是否可靠。

如果是第一种理由，客户可能是真的暂时不需要产品，此时要礼貌的停止预约，日后再找机会联系。若是第二种理由，就要巧妙地转移客户的注意力和抵触心理，不要在我们是什么公司上纠缠。至于第三种原因，就好办多了，只要用你真诚的态度和表达能力向客户展示出公司及产品的优势，一般都会获得面谈的机会。那么，当客户如此拒绝你时，到底该如何回复呢？优秀的销售员会这样做：

话术1

"是的，您没听说过我们公司是正常的。因为随着社会经济的进步，越来越多的类似公司不断成立。要把所有与自己相关的公司都弄清楚是很不容易的，但相比于选择什么公司而言，其实选择一种更适合自己的产品更重要。您说是吧？要不这样，我这星期二下午或星期三下午亲自去拜访您，给您详细介绍一下，您看哪天方便？"

【点评】

这样的回答既顺应了客户的意思，对客户表示了理解；也在无形中转移了话题，让客户从关注公司转移到关注产品上。这个时候，客户会意识到，自己最终要的是产品，而不是产品所在的公司。客户的语气自然会有所缓和，就会答应你的预约。

话术2

"我们公司是新成立的，您以前没听说过我们公司是可以理解的。当然，冒昧给您打电话，不是要求您现在就认可我们的公司，也不是让您立刻就购买我们公司的产品。我们公司有网站，您可以浏览一下我们的网站。您多了解一家供应商，也没有什么坏处，您说是吧！"

【点评】

这样的回复其实也是退了一步，或许这样说不能成功预约到客户，但起码为下次联系奠定了基础。况且，这样的回复给了客户自行选择的自由，减少了强迫感。也许客户哪天有空就会浏览你所在公司的网站，了解你的公司和你的产品。当客户觉得你的公司和产品不错的话，日后合作的几率就很大了。

话术3

"是吗？其实您没听说过我们公司也很正常。毕竟之前我们是做代加工的，很多知名企业的产品都是我们生产的，如……（列举一些有名的业内合作伙伴，当然，案例一定要真实）。最近我们才开始做自有品牌。不过，既然那些知名企业的产品都是由我们生产的，这就说明我们的产品是值得信赖的。"（后续沟通简单介绍一下产品，并找准机会预约见面时间）

【点评】

这样的回答首先要以真诚的态度正视问题的存在，并说明自己的公司和产品值得信任，让客户明白没有听说过并不等于产品品质不好。然后，以公司与多家知名企业合作过的真实情况说明产品的质量可靠，让客户放心。这样一来，后面的沟通也就自然多了。

在实际工作中，很多销售人员过于心急，听客户这样拒绝的时候，就会忙于向客户推介公司和产品。其实，这样往往适得其反，令客户产生逆反心理。所以，销售人员要学会退一步，既不强攻，也不终止电话，而是巧妙地将话题转移到无关紧要的事情上；或在对自己无关紧要的问题上大做文章，迷惑对方，使对方顾此失彼；或把话题迅速转移到对方最感兴趣的方面。总之，要声东击西，用别的话题引起客户的注意力。

 情景七
"又是要推销什么吧"
——以退为进，用产品的特殊价值激起客户好奇心

【情景设置】

萧玲是一家软件开发公司的销售人员，公司新推出一项销售方面的软件。经过调查，萧玲锁定了一个客户。这天，萧玲拨通了该客户的电话，想预约见

面时间。

萧玲："您好，李先生吗？"

李总："我是。你是哪位？"

萧玲："我是××公司的销售代表萧玲。"

李总："哦，又是要推销什么吧？不管是什么东西，我不需要。"

若你是萧玲，面对客户的拒绝会如何应对？

☐ 感觉很委屈、很自责，急忙向客户道歉，并"知趣"的挂断电话。

☐ 针锋相对，极力为自己辩解，认为客户对自己有偏见。

一些销售人员听到这样的拒绝话语时，往往就会做出以上两种反应的一种。

第一种折射出销售人员胆小，没有底气。如果再急着给客户道歉，或者为了避免客户心生厌烦，就主动的挂断电话，那你的业绩永远上不去。

第二种方式更不可取，我们常说："客户是上帝"，你把"上帝"得罪了，怎么可能还有继续沟通的机会。的确，面对客户说"怎么又是推销的"、"又要推销什么东西吧"、"卖什么东西你就直接说"这类厌烦话语时，谁都会不舒服。有种想与客户一争到底的冲动，但这样的结果往往是预约失败。客户说这句话的时候，可能是因为之前接听过太多这样的推销电话，对这些电话已经不胜其烦，于是口气就会很不友好。对此，销售人员不必放在心上，要不卑不亢的进行下一步。那么，面对这样的拒绝，我们要如何回复，才能得到面谈的机会呢？

我们知道，任何人都有好奇心。所以，此时我们要做的就是想办法激发客户的好奇心，让客户自愿要求见面。一个很好的办法就是用产品的特殊价值吸引客户。

客户之所以选择某种产品或者服务，是因为这种产品或者服务能够帮他解决现实存在的问题，能够带给他相应的价值；同时，这种价值对于客户的付出显得物超所值。所以，销售人员一定要明白，我们向客户推销产品，不能只是为了卖出产品，还要为客户带来一定的价值。使用这一方法的关键在于以下几点：

1. 要突出产品的价值，最好能用数字百分比的公式表示出来，如能增加10%的收入，或者能降低15%的成本，等等。

2. 产品价值必须符合客户实际需要。

3. 不要提供病态信息。

用产品的特殊价值吸引客户，主要是通过陈述和提问的方式，告诉客户我们所销售的产品能够给其带来的好处。这种方法满足了大多数客户的求利心理，突出了销售重点和产品优势，有利于达到约见目的。

在具体工作中，当客户用"又是要推销什么吧"来拒绝你的时候，你可以这样回复：

话术1

"对，我是很想把我们的产品卖给您，那是因为我相信我们的产品能够给您带来价值。我已经为您做了初步估算，只要您合理运用，使用我们的软件会让贵公司的销售业绩上升15%。有关这一点，我想亲自拜访您，与您详细讨论一下。您看这星期五下午或下星期一上午哪天合适呢？"

【点评】

这样回答既能体现出你的真诚态度，也巧妙地用产品价值激发了客户的好奇心（客户会想——能让自己公司的销售业绩提升15%，这么好的事情，一定要了解一下）。这样一来，就能很顺利的约见到对方。要注意的是，千万不要有敌对情绪，你越是极力辩解自己不是卖东西的，对方就会越反感，感觉你不真诚。

话术2

"我确实是卖东西的。但我和其他推销员不同的地方是我给您打电话之前，认真分析了贵公司的发展现状，贵公司现在如果能够配上我们提供的软件系统，能提升20%的效率。所以，我今天给您打电话，希望能够得到跟您面谈的机会，很多事情只有当面才能谈清楚，您看您什么时候方便，星期二还是星期三呢？我可以过去拜访您。"

【点评】

通常情况下，客户这样拒绝一个销售人员，一方面是对销售人员不信任，另一方面是轻视所谓的推销行为。所以，这样回答能消除客户的这种心理，让客户觉得销售人员是站在他的立场为他着想，而且用产品能带来的利益激发了客户的好奇心，约见成功的几率会大大增加。

当客户说我们是推销产品的，表现出轻视或者不以为然的态度时，切忌针锋相对或者极力为自己辩解。因为我们电话预约客户的最终目的就是销售自己的产品，这是我们的工作，所以，越是极力辩解，客户越厌烦。

我们知道，每个人都有重视自我的心理，客户也一样，他们只会关心自己的利益，会特别注重产品对于自身的价值。因此，销售人员要抓住客户的这一心理，站在客户的立场为其着想，利用产品的特殊价值打动客户，建立一个良好的沟通环境，进而约见成功。

情景八
"我今天很累，改天再说"

——表示理解，建立沟通契机

【情景设置】

小王是一家家纺公司的市场部专员，主要负责产品的销售推广工作。最近，公司推出了一种新型保健枕头，小王拿出一叠客户名单，拨通了一位客户的电话。

"您好，是孙女士吗？"小王礼貌地说道。

"我是，有什么事吗？"小王听到一个略带疲惫的女人的声音。

"是这样的，我是××公司的小王，我们公司针对白领一族新推出一种……"小王刚要介绍自己的产品，却被对方打断了。

"对不起，我今天很累，改天再说吧！"孙女士客气的拒绝道。

如果你是小王，现在会怎么做呢？

☐ 向客户道歉，然后自己主动挂断电话。

☐ 依然自顾自的说下去，向客户热情推销，说只会占用客户几分钟时间。

当客户说"我今天很累"、"我要休息了，不要打扰我了"之类的话语时，一些销售人员通常会做出以上两种反应的一种。

第一种反应是顺从对方的意思，表面看起来为客户着想，很有人情味，但这无疑挡住了后续销售的路。而且，客户所谓的"改天再说"，到底是什么时候呢？销售人员不可能每天一通电话打过去，这样只会增加客户的反感。

第二种回复则会加快客户挂断电话的速度，要不就会让客户更恼火，说出更难听的话。销售人员不管说什么，都是自言自语罢了。

当客户以"我今天很累，改天再说"为借口拒绝你的时候，首先要明白客户可能真的很累，这个时候就不能再采取"死缠烂打"的策略了。应该对客户表示理解，利用同理心感化客户，积极打消客户的倦意，建立良好的沟通契机。正所谓"理解万岁"，这句话用在销售中也是一样的道理，如果你向客户表示你理解和体会对方目前的感受，让客户感觉你是在关心他，客户自然就会与你亲近很多。

所谓同理心就是能设身处地理解他人，感同身受地明白及体会他人的处境及感受，并适当地回应其需要，由此站在对方的角度来分析和看待问题。在销售过程中，"同理心"就是站在客户的角度同情、理解、关怀他们，接受他们的内在需求，并感同身受的予以满足，使双方形成默契和良性互动。需要注意的是运用同理心突破客户的抗拒的时候，应该遵循以下的步骤：

1. 调整好自己的心情，保证自己的情绪稳定。

2. 以对方的立场体会客户的内心感受，并准确理解对方话里话外的含义，区分客户的真实情绪。

3. 做出判断之后，就要把相关感受反馈给客户，让对方了解你对他的理解和尊重。

运用同理心，并不是说要牺牲自己的立场，无原则地迎合对方。相反，应该始终保持坚定的立场和热情的态度。所以，有经验的销售人员听到客户这样拒绝自己的时候，他们会利用同理心，对客户表示理解，但会坚持自己原则，巧妙地想办法打消客户的倦意，进而创造一个良好的约见环境。

下面是一些销售高手回复这类拒绝的话术，可加以借鉴：

话术1

"孙女士，我非常理解您。又要忙事业又要顾家庭，怎么能不累。身体是革命的本钱，千万要注意休息，注意适时的缓解压力，身心健康才能更好地工作和生活。我有一种很好的方法，可以有效地减轻疲劳感……（打开话题后，再找时机预约见面时间）"

【点评】

这样温馨体贴的答复不但会引起客户的共鸣，还会让客户觉得你很有人情味，对销售人员的厌烦感也会消失。而且，这样还能引起客户的好奇心，愿意听你讲下去。开头打好了基础，再往下的沟通就会顺利的多。

话术2

"是吗？您是不是感觉一天下来，脖子都僵了，浑身没力气，可晚上又睡不好？很多白领经常出现这种状况。我们公司据此研发生产了一种新型的保健枕，可以有效的缓解颈椎病。长期使用，还能改善睡眠质量。睡眠质量提高了，精力才会更充沛，人也会变得更有精神。要不这样，今天您先好好休息，明天我去找您，您亲自体验一下，您看是上午还是下午方便呢？"

【点评】

这样回答既向客户表示了理解，又结合客户的实际情况很自然的向客户推荐了自己的产品。而且，介绍产品时是从客户的角度、客户的需求、客户的实际情况出发帮助客户，发自内心地对客户表示关心。这样的话语，相信任何人都不忍心拒绝。

"是吗？真的不好意思，那孙女士您看我什么时候再打过来比较好呢？是明天上午十点还是下午两点呢？"

【点评】

这样的答复其实也是一种以退为进的策略。主要针对那些真的很累的客户。因为有些客户真的很累，不想再听什么电话。这个时候，就要适可而止，预约下一次的电话时间就好，下一次再联系的时候再约见也不迟。

总之，当客户用"我今天很累"等借口拒绝的时候，千万不要立即挂断电话，最起码也要预约下一次联系的机会。最佳的方法是学会利用同理心，首先对客户表示理解，然后设法打消客户的倦意，建立一个良好的沟通契机，达到自己的约见目的。

情景九

"你怎么会有我的联系方式"

——诚实坦诚，用诙谐、赞美的语言化解尴尬

【情景设置】

宋茹是一家咨询公司的销售人员。一天，她拨通了一位客户的电话。

宋茹："早上好，李老师。"

客户："你好。哪位？"

宋茹："我是××咨询公司的宋茹，今天给您打电话……"（话未说完，就被对方无情的打断和质问）

客户："你怎么会有我的联系方式？"

如果你是宋茹，现在该如何回复呢？

□ 向客户老老实实的解释这个问题。

□ 被客户问住了，卡在那不知道如何回复。

□ 由于害怕，自己迅速主动挂断电话。

以上三种应对方式，不管采取哪一种都无法达到我们电话约见的目的。仔细想想，如果销售人员老老实实地向客户解释是如何得到他的联系方式的，客户可能会有两种表现，其一，客户非常恼怒，比如你说网上看见的，或者说在公司客户数据库查到的，不管怎么说，客户都会感觉很气愤，自己的私人信息怎么会这么轻易被泄露出去，客户会觉得侵犯了自己的隐私权；其二，听不了几句，就挂断电话，让你自说自话。更何况，很多时候得到客户联系方法的"诀窍"也不便透露，如果你欲说还休，就会使自己陷于被动，让客户更快的挂断电话。

客户问你是从什么地方得到他的电话，也并不一定是真的想知道答案，而仅仅是出于对自己的信息很轻易地就被卖来卖去的恼怒和直觉反应。所以，你实话实说也不一定会博得客户的"欢心"。 由此可见，第一种方式不可取。

第二种方式是因为销售人员本身自信心不足，或者缺乏经验，被客户"吓"住了，怕客户发火。也许是因为不便透露一些信息，半天说不出话来，这样的表现只会加快客户挂断电话的速度。

第三种方式，是一些销售新手常见的逃避行为。这样做其实是截断了自己的后路。销售人员要记住：你与客户是平等的，是在为客户提供服务，要"理直气壮"。

电话预约几乎100%是在客户没有任何准备的前提下打给对方的，不管对方是在工作还是在处理私人事务，突然被打扰，难免心情不好。而且，一般人对于陌生的电话通常都存有很大的戒心。在这种情况下，让他们对销售人员礼貌有加简直是一种奢望，而他们在气头上，质问"你怎么知道我的电话"也就可以理解了。既然如此，销售人员就要平稳自己的情绪，巧妙地用一些方法转移客户的关注焦点，顺利预约客户。一般来说，可以采用以下一些方式：

1. 赞美法。利用人们都渴望得到赞美的心理达到预约客户的目的。

2. 自动忽略。用一些有吸引力的语言，如产品能带来的实际利益激发客户的兴趣，进而避开这个话题。还可以用诙谐的语言岔开话题，减少客户的戒备心理。

3. 客户转介绍法。

需要注意的是，在采用赞美法时要有技巧，态度要真诚，要让客户在被认可的愉悦中不知不觉接受你。赞美还要做到恰如其分，虚情假意、无端夸大的做法必定会失去客户的信任。

在使用客户转介绍法时，要注意符合实际，首先要征得介绍人的同意，即是否可以提到介绍人的名字。如果介绍人同意，那么就可以直接说出是客户的某某朋友介绍的，客户一般会留三分薄面 ，再加上销售人员自己的努力，就会大大提高预约的成功率。

在具体的实际运用中，销售人员可以这样回复：

话术1

"像您这样优秀的企业家，在企业界备受关注和敬仰。所以，我知道您的电话很正常，当然，也是我的福分……"

【点评】

任何人都喜欢被赞美，客户也不例外。这样的回复一方面抬高了对方的身份地位，另一方面放低了自己的姿态，很容易得到对方的理解。所以，采用赞美法消除客户的抵触情绪，利用客户渴望被重视和认可的心理来引起对方的交谈兴趣，沟通气氛自然就会放松很多，之后再进入正题，成功预约见面的几率就很大了。

话术2

"李老师，我不是骗子，也不是犯罪分子，而是××公司的销售人员。您放心，我绝对会为您的个人信息保密的，而且除了必要的工作谈话，一定不会随便打扰您的。这次打电话主要是想向您推荐一下我们公司的一项新业务（有时可以说一句让客户得到什么利益的话，如降低成本，提高业绩等）。如果由于我的冒昧来电，给您造成了不安全感，我向您'谢罪'，呵呵。"

【点评】

诙谐的回答加上诚恳的态度，可以使客户放下戒备心，消除疑虑。客户心情舒畅，后续沟通就会顺利的多。如果能适时加入一些信息，激发出客户的兴趣，客户就会忘记这个问题，将注意力转移到新的兴趣点。然后，你再预约见面时间，就顺理成章了。

话术3

"是您的朋友××介绍的，他说您是这个行业里的权威，尤其在××方面有着独到的见解和观点，所以让我联系您，您看您今天下午还是明天有时间，我们可以见面谈谈吗？"

（如果对方问是哪个朋友）是这样的，李老师，您的朋友说怕您因为他的引见让您有压力，所以一再叮嘱我先不要透露他的名字，好让您轻松地做出选择。我既然受人之托，就要守信用，我想您一定会理解我的，那我们明天下午或后天下午见个面好吗？

【点评】

如果是通过熟人介绍才知道对方联系方式的，那么就可以使用转介绍法回复客户，客户一般会听销售人员说完。需要注意的是一定要提及介绍人，甚至需要先发制人，主动向客户提及介绍人，再说一些赞美的话语，客户就会很"受用"，当然这是一种最理想的状态。但是，很多时候，这位"朋友"并不好找，或者出于某些原因并不好说出他们的名字，这时候就需要转变话语，诚恳地做出解释。

总之，当客户问："你怎么会有我的联系方式"时，完全可以借鉴以上的回复方式。当然，回复的方法有很多，最重要的是销售人员要态度诚恳，充满自信。记住：赞美永远是最好的沟通润滑剂。如果能说一些诙谐的话，那就更好了。

情景十
"我得挂电话了，马上要开会"
——转移话题，用理解与请教消除客户的"敌意"

【情景设置】

小张是某互联网公司的销售人员，公司最近推出一项新活动，需要开拓新的客户。这天，小张从公司提供的客户名单中选中了一位，并拨通了对方地电话。

"李先生，您好！我是××公司，我公司专做网络推广的，这个月刚推出一项优惠活动，我只需要耽误您两分钟时间，您现在方便通话吗？"小张客气而礼貌地说。

"不好意思，我马上要开会，我有需要时再联络你。"电话那端客户礼貌地拒绝道。

如果你是小张，现在会怎么做？

☐ 顺从客户的意思，主动挂断电话，等客户开完会再打电话或者等客户回电话。

☐ 追问客户何时开完会。

一些销售人员，特别是新手，在遇到这种拒绝时，往往会做出以上的反应。前一种表面上是理解客户，但其实是一种逃避行为，这样的电话属于无效电话。而且，对于客户而言，这类预约电话很烦人，他们绝不会主动联系你的。而第二种方式则可能引起客户的反感。如果客户真的急于去开会，就没有时间回复你，不是粗暴地挂断电话就随便说一个时间摆脱销售人员的纠缠。等你按照对方所说的时间再打电话的时候，就可能联系不到对方，或者接通后被对方以其他理由拒绝，或者干脆就不接听电话。这都与最终的预约目的相背的，不可取。

事实上，客户每天有很多工作需要处理，有自己的时间安排。所以，我们就需要选择一个合适的打电话时间。比如，行政人员，可以在上午10点半到下午3点之间拜访；股票行业，则在收市后拜访合适；公务员则必须在八小时工作时间内拜访；银行家，在上午10点之前和下午4点之后拜访合适；商人，在下午1点到3点之间拜访合适；饮食业，在下午3点到4点之间拜访合适；家庭主妇，在早上10点到11点之间拜访合适。其次，还要注意有些潜在顾客不是按照正常的朝九晚五制度上班的，如娱乐场所、面包店、停车场、旅馆、医院、餐饮业、药店、广播电视台、运输业等行业的从业人员。除了要确定恰当的通话时间外，销售人员还要想办法赢得客户的信任。具体要注意以下几个方面：

1. 预约之前，尽量收集一些客户信息，有备而战必然会让你信心倍增。
2. 说话声音要饱满、热情，向客户传递出"你喜欢他"的信息。
3. 话语逻辑要通顺，吐词要清晰。

总之，在电话预约中，遇到"马上要开会"这类拒绝时，销售人员一定要摆正心态。要对客户表示理解。如果客户确实急于去开会，不方便接听，那就约定下一次通话的时间。下一次通话的时候，就能以老朋友的身份进行了，沟通起来就会好很多。那么，到底如何应对呢？有经验的销售人员一般这样说：

话术1

"我理解。不过，今天给您打电话，是因为前两天我在您的博客里看见一篇文章（文章标题），分析的真是太到位了。看过之后，我也有了很多想法，想跟您一起探讨一下，您看您什么时间方便？今天下午还是明天上午呢？"

【点评】

这样的回复首先向客户表示了你的理解；同时，话题一转，从客户的一篇文章下手，巧妙地转移了话题，并满足了客户渴望被认可的、被崇拜的心理，从而软化了客户的态度，答应你的约见要求。

话术2

"您放心，我不会占用您太多的时间。打这个电话，是有件事情想请您帮忙！最近我公司开发出了一款新产品，听说您是互联网产品方面的专家，我想就它的市场前景听听您的意见。您看哪天方便，是星期二还是星期三呢？"

【点评】

这样回复首先打消了客户的疑虑；同时，利用求教法争取到继续谈话的空间。求教法是利用了人们好为人师的心理特点，使客户有满足感。一般情况下，客户是不好意思断然拒绝的。但使用时要注意：提出的问题应该是对方擅长的方向，在求教后，还要及时提出面谈的要求。

话术3

"既然您这么忙，那我下午再打过来，好吗？"

【点评】

不管客户是真忙还是假忙。这样的情况下与其强行销售而被客户不耐烦地拒绝，不如顺水推舟、欲擒故纵，约定下一次联系的时间。这样既遂了客户意，又顺了自己心。要注意的是，销售员要做好记录，并按约定的时间再打过去。因为客户之前有过承诺，所以就不太好意思再次拒绝。而且，这么锲而不舍的销售人员会打破客户对于销售人员的负面印象，基于对你的尊重，客户也会答应你的约见请求。

总之，当客户以这类话语拒绝销售人员时，千万不要轻易挂断电话，而应该巧妙地转移话题，哪怕是争取到一两分钟时间也可以。当然，你要记住，打电话的目的是预约见面。所以，能达到这个目标就可以了。

情景十一

"很抱歉，我们有固定的合作伙伴"
——妙用比较，用自己产品的长处来改变客户的主张

【情景设置】

小雅是某管理咨询公司的销售人员，主要负责向客户推荐关于新人入职培训的服务。以下是她与一位客户的预约电话：

小雅："您好！是郑经理吗？"

客户："我是，有什么事吗？"

小雅："您好，我是××咨询公司的小雅，我公司新推出一种关于新人入职拓展培训的课程，我想向您简单介绍一下。"

客户："很抱歉，拓展训练这块我们已经有固定的合作伙伴了。"

如果你是小雅，此时要如何继续下去呢？

□ 放弃客户，既然客户已有固定的合作伙伴，那就趁早放弃，免得浪费时间。

□ 死缠烂打，一厢情愿，执意要与客户合作。

很多销售人员听到客户如此拒绝的时候，往往会做出以上两种反应。

第一种反应表面看似你尊重了客户，自己也尽了力。但是，如果就这样放弃，那你还能约到客户吗？要知道任何公司通常都有一些固定的合作伙伴，或者有自己信任的公司和产品。所以，这不是我们放弃客户的理由。

第二种方式，有些情况下可能有效。但多数情况下，会让客户不胜其烦，认为销售人员及其所在的公司不可信，销售人员没有礼貌，最终会挂断电话。这也不是我们想看到的结果。

其实，好好想想，客户这样拒绝很正常，毕竟跟固定的合作伙伴合作，会很稳定，很少有经济损失或发生其他状况。而且由于有长期的合作关系，双方之间已经有了很高的信任度，合作起来更顺利。因此，客户一般不会轻易再与其他公司合作。那么，在听到客户如此拒绝的时候，正确的做法是什么呢？

首先，千万不能放弃，必须想方设法地去了解一下具体情况，然后再确定是否真的要放弃：

1. 客户与其合作伙伴是什么时候开始合作的，合作结束期是什么时候？
2. 合作过程中，客户有没有不满意的地方？
3. 客户选择合作伙伴的标准是什么？
4. 争取知道客户现有合作伙伴是谁？然后在自己所在公司与客户现有合作伙伴之间做个比较，找出优缺点及不足。

了解了这些情况后，如果发现客户说他们合作有不愉快的地方或者在言语之间透露出对这个合作伙伴有不满的地方，销售人员就有机可乘。但如果发现客户的合作伙伴服务很好，合作过程中客户也很满意，客户也不打算换合作伙伴；或者合作伙伴是客户公司的关系户，这样的情况下，明智的选择就是放弃。当然，这两种情况的概率很小。所以，销售人员的机会还是很多。另外，客户告诉销售人员——"我们已经有其他的供应商了"，抛开客户只是随便编造的一个拒绝理由外，还表示出了一个正面信息：客户有这个需要，而且已经有了实际行动，并且已经认可了这种产品。这样，销售人员就能减去介绍产品的麻烦，只需巧妙地告诉客户自己的产品与客户正在使用的产品存在哪些差异，而这些差异又会给他带来怎样的额外好处，最后让客户自己去做一个权衡。也就是妙用比较法，用自己产品的长处来改变客户的主张。

任何公司或个人考虑的最多的永远是利益，如果销售人员非常自信自己的产品较之客户正在使用的产品更能为他提高效益、节约成本的话，那就随时都有机会取代客户现有的合作伙伴。其实，机会无处不在，就看销售人员如何寻找突破口！下面是一个销售高手的预约话术，不妨加以借鉴：

话术 1

"是吗？那太好了。看来您的合作伙伴真的很不错，让您这么信任。我能问一下是哪家公司这么幸运吗？"（打开话题，了解竞争对手的一些信息，再用自己产品的优点引诱客户，择机预约面谈）

【点评】

首先，你要顺从客户的意思，然后利用赞美或退让示弱卸下客户的防备警惕心理。然后，巧转话题，得到自己想要的一些信息。最后，再抛出一枚炸弹，即用竞争对手无法做到的事诱惑客户。当然，虽然了解客户的合作伙伴是谁很重要，但要注意是否立即询问要视情况而定，因为很多客户不会轻易就告诉你的。

话术 2

"是吗？我相信你们的合作一定很不错。只是我们的产品和他们不太一样，很多咨询公司提供拓展培训一般只是进行户外拓展训练，培训效果虽然也很不错，但还是有一定的缺陷。这里面的原因相信您一定能够理解（客户一般会继续听下去）。而我们公司就解决了这个问题。要不这样，郑经理，明天上午或下午，您哪个时间方便，我亲自去拜访您。"

【点评】

这样回复，首先降低了自己的姿态赞美客户，让客户很受用。然后，在与市面上的同类产品做比较，抛出一个问题，让客户联想。最后，点出自己公司产品的优势，吸引客户，这样一来就能打动客户，预约成功。

话术3

"这样啊！郑经理，我想问一下，如果我们公司能够保证在同品质服务的前提下，价格再优惠15%，如果长期合作，还能每月向您免费提供一些培训资料，您看可以吗？郑经理，要不我跟您见面谈一下，您看是星期三呢还是星期四？"

【点评】

人都有一种求廉或者贪便宜的心理，所以，价格永远是处理客户异议的最有效地手段。同时，由于销售人员向客户表示产品与其现在使用的产品质量、服务一样，但价格更低，而且还有免费赠品，这样的条件有谁不会动心呢？约见也就顺理成章了。

不管怎样，当客户以"我们已经有固定的供应商了"等类似理由拒绝时，销售人员一定不能轻易放弃，要学会打太极，甚至要赞美一下客户的合作方，然后利用自己产品所具有的长处改变客户的主张。但要注意，自己的差异优势或补充优势要点到为止。另外，千万不可讲竞争对手的坏话，这种多少年形成的关系不是你一句话两句话能撼动的，现在的关键是见缝插针，先介入进去，取得一个面谈的机会。

情景十二

"暂时还没有这方面的需求"
——主动宣传，用产品的独特性刺激客户需求

【情景设置】

罗明是一名销售杀毒软件的销售人员，他准备预约一位客户，向其推销杀毒软件。

罗明："您好,请问是刘先生吗?"

客户："是的,你是哪位?"

罗明："您好,我是××公司的罗明。想问一下,您是不是经常利用电脑办公。"

客户："是啊?怎么了?"

罗明："是这样,我公司最近开发了一种新的杀毒软件,可以及时地维护您的电脑安全,避免被'黑'。"

客户："是吗?但非常抱歉,我的电脑一切都很正常,暂时还没有这个需求。谢谢!"

如果你是罗明,此时该如何回复呢?

☐ 无奈地挂断电话。

☐ 追问客户何时会有这个需求。

以上两种回复都不是最好的方法。第一种方法没有得到任何有价值的信息,不知道客户所谓的"不需要"到底意味着什么?不知道客户到底有没有安装杀毒软件。这样的销售人员是可悲的,因为他们永远只知道寻找有即刻需求的客户,而不知道去引导、激发客户的需求。最可怕的是销售人员挂断电话后,会自怨自艾,严重打击了自己的自信心。第二种方法,也许有时能得到客户的回答,但更多的时候换来的是客户的反感,以及无情的挂断电话。其实,没有需求是不可能的,世界永远在变化,需求其实也在不断地变化。今天不需要,并不代表明天不需要;暂时不需要,并不代表永远不需要。所以,有些需求是潜在的,销售人员必须学会发现、挖掘客户的潜在需求,从而引导客户的需求,并把它们转化成即刻的需求,以达到销售的目的。

销售人员常犯的一种错误是自以为自己对客户的需求十分了解,而事实上恰恰相反。虽然在某些情况下,你推销的产品可能是客户需要的,但大多数情况下,客户并没有意识到自己的需求,所以,销售人员要做的是让客户明白自己有需求,也就是帮助客户发现需求,帮助客户制造出需求来。只有当客户自己认为有需求的时候,你才能继续自己的约见。所以,如果客户说"暂时不需要",销售人员也一定不能放弃,仍要争取见面机会。有机会见面,就有机会把不可能的事情变为现实。那么,如何发掘客户的需求呢?可以利用有效提问来探知。方法如下:

1. 权利式发问。如"我可以请教您几个问题吗?"这种问法一般能得到对方的同意,也就有了继续沟通的机会。

2. 探索式提问。如"我想问一下,您的电脑中过病毒吗?"这样的提问通常能够探知客户的潜在需求。

3. 引导式提问。如"电脑办公,最重要的就是注意安全问题,您说对吧?"这样提问会引导客户关注电脑安全的问题,让客户意识到自己的需求。

4. 确认式问题。如"您的意思是……"让客户自己说出需求。

销售人员在挖掘客户需求时,应尽量询问客户的现状和他的期望,然后让客户意识到二者之间的差距，对现状产生不满，需要做出改变时，需求就显现出来了。向客户发问时，销售人员要注意自己的发问方式，尽量让客户感觉舒服。那么，具体工作中，销售人员应如何将话题继续下去？我们看看一些销售高手的回答：

话术1

"没有关系。对于不了解的东西，您说不需要是正常的。刘先生，我可以请教您一个问题吗？（客户表示同意）是关于……（提出探索式问题或引导式问题，激发客户的需求。然后，择机预约面谈时间）"

【点评】

先顺从客户的意思，对客户表示理解和尊重。然后，提出权利式问题，争取与客户继续沟通的机会。最后，利用提问挖掘客户需求，进而达成约见目的。

通常情况下，客户说"我们现在还没有这个需求"，是因为他还没有意识到产品能给他带来的好处，以及一旦出现问题，他的损失会有多大。例如，电脑病毒在没侵袭电脑前，客户很可能不会意识到电脑病毒的严重后果。但是，如果销售人员启发客户并告诉他后果，客户对后果进行一番联想之后，会觉得这个问题的确需要解决，应该立刻防范病毒。否则，后果将不堪设想。

话术2

"刘先生，很多客户在不了解我们产品之前，都与您的想法一样，所以，我很理解您。但是，当他们听了我们的说明，利用我们的软件之后，才发现自己的电脑存在很多隐患。而且，用了这款软件后，电脑运行速度增加了30%，几乎不会再受到一些不良网站的侵袭。现在我们公司正安排技术人员为客户免费进行电脑检查，您看我们什么时候安排技术人员过去？今天下午还是明天？"

【点评】

心理学家在分析一个人是否购买某种产品时，发现人们的购买动机通常有两个：一个是当购买这个产品时，能给自己带来快乐享受；二是如果不购买这个产品，将会遭受怎样的损失和痛苦。而上面的回复就成功运用了购买动机中的第一个。上面的回复中，销售人员首先顺从客户的意见，对他们表示了尊重；然后，转移话题，举例说明某些客户使用产品后带来的好处，从而将客户的潜在需求激发出来；最后，又抛出一个免费检查的"糖衣炮弹"，顺利成功约见。但是，在陈述产品优势的过程中，最好要给客户一个说话的机会。如果销售人员一直讲产品的优势，客户会很烦，就会挂断。所以，最好在说一个优点之后问一下客户的感受，是不是很好，是不是很方便对方，给其一个说话的机会，通过客户的语言判断客户的需求。

"刘先生，可能您暂时不需要。不过，要是您能尝试一下这项业务，一定会对您大有裨益！而且，先了解一下相关情况，对您也没有坏处，您说是吧？正巧，我今天下午会在您公司附近，我们见面谈一下吧！"

【点评】

记住，销售人员打电话的目的是预约见面。因此，这样说能有效激发客户的兴趣，达到约见目的。只要能见面，一切就会有转机。

总之，不管客户这样拒绝是出于真实情况还是有意推托，销售人员都要表现出信任，最起码在表面上要肯定对方"现在不需要"是真实的。然后，尽可能多和客户谈话，使用适当的言辞询问对方的现状，挖掘出客户的需求，再视具体情况做出应对。

产品永远是吸引客户的最好介质。所以，在陈述时，语气一定要肯定，表现出自信，用产品的独特优点大加渲染。但是，不能过度地夸大产品的优势。另外，千万不能通过强迫和强硬的方式去说服客户购买某种产品，因为客户只会被自己说服。让客户自己说出需求才是上策。

情景十三
"近期没这方面的预算"
——改变角度，让客户觉得你是在为他们着想

【情景设置】

晓莉是一家互联网公司的业务推广人员。主要负责联系客户，为客户在网上进行广告宣传。这天，晓莉拨通了一位客户的电话：

晓莉："王经理，您好？"

客户："哪位？什么事？"

"我是××网络公司的晓莉，我们公司最近推出一套广告套餐……"晓莉话没说完，就被客户打断。

"不用了，我们公司近期没这方面的预算。"

如果你是晓莉，要怎样将电话继续下去呢？

□ "知趣"地挂断电话，放弃客户。

□ 努力说服客户增加开销，说客户肯定有这个能力。

以上两种表现都不可取。前者，销售人员好不容易和客户通上话，客户却在

电话那头冷冰冰地拒绝了，销售人员表示十分理解这种情况，并说服自己接受失败的现状，挂断电话。但是，自己的业绩怎么办？谁又来理解你。对客户"心软"，无疑就是对自己的"残忍"。后者，就显得不专业了，要知道任何人都喜欢自己做主，自己掌控一切，不希望别人替自己拿主意。而销售人员努力说服客户增加开销，是自己替客户做主，客户肯定会不耐烦。用更坚决的话语拒绝销售人员，这样一来，成功约见的机会更加渺茫了。实际上，当客户接到这样的销售预约电话时，通常会对这类电话采取下意识的拒绝反应。因此，销售人员在听到客户以某种原因拒绝我们的时候，首先应该区分这种拒绝究竟是不是一种真正的拒绝。

一般情况下，当客户说"没有预算"的时候，可能隐含很多意思：

1. 产品没有打动客户。

2. 不想买你推销的商品。

3. 暂时确实没有预算（这种情况较少出现）。

实情到底是什么，销售人员需要做进一步的探询，然后才能采取针对性的解决方法，而不是轻易放弃。那么，实际工作中要如何应对呢？下面的方法可供你参考。

话术1

"王经理，我知道预算是帮助公司达成目标的重要工具，但工具本身须具备灵活性，您说对吗？进行广告宣传能帮助公司提升销售业绩，打开市场知名度，进而增加利润，而且，我们这次推出的套餐能为您节省很多广告费用，我相信您一定会感兴趣!具体我们见面谈一下，您看您是星期二还是星期三方便？"

【点评】

首先对客户表示理解和尊重；然后从客户的角度出发，将产品可以带来的利益（如提升销售业绩，打开市场知名度，节省广告费用等）讲解给客户听，引起客户的兴趣，达成约见目的。

话术2

"'把钱花在刀刃上'是个好习惯。不过，您想，公司总是要做广告，我们这次推出的活动比平时优惠很多。这岂不是能为您节省一些资金，做一些其他的事。而且，我保证，您在我们公司做广告能增加20%的点击率，这样的业绩一定会得到上司的赞赏。（停顿一下）这样吧，王经理，我们见面谈一下，您看您今天下午还是明天方便呢？"

【点评】

先赞赏客户，再分析产品可以给客户带来的好处，同时还可以给周围的人带来好处。如果不见面，客户将失去一次机会，恰好命中客户的求利求功心理，约见成功的机会就大大增加了。

总之，当客户以"没有预算"、"没有这方面的开支计划"等类似理由拒绝的时候，不管真实情况怎样，销售人员要予以理解和尊重。站在客户的角度考虑，也许我们的产品真的不在他们的财务安排之中，但如果我们的产品真正符合他们的需要，而且他们有这样的购买能力，那他们的财务安排实际上是可以做出适当调整的。因此，面对这样的拒绝，销售人员在表示理解和尊重的同时，也要尽可能地从客户的实际需求出发，换个角度为客户着想，用产品的优势吸引客户，增强客户对产品的需求，并坚定客户对产品的信心，使他们将自身的实际需求纳入到整个财务预算当中。

情景十四
"我不管这些，你去找具体工作人员吧"
——放低姿态：主动示好会让客户难以硬心按下"NO"键

【情景设置】

郭南是一家网络公司的销售人员，主要负责销售一款销售统计系统软件，这是他与一位客户的预约电话：

郭南："早上好，冯经理！"

客户："早上好，哪位？"

郭南："我是××公司的郭南。是这样的，冯经理，如果有一种新的销售统计软件，能够解决传统销售统计中速度慢、准确率较低的问题……"（话未说完，被客户打断）

"销售统计软件？"客户问道。

郭南："是的。"

"哦，我不管这些，你去找具体工作人员吧。"客户客气地说。

如果你是郭南，现在该如何做呢？

☐ 向客户道歉，按照客户的要求去找别的负责人。

☐ 纠缠客户，让客户承认自己就是负责人。

很多销售人员在听到这样的话的时候，有时会用以上的方法应对。但这两种方法都不可取。

首先说第一种方法。如果就此匆匆挂断电话，就失去了一个客户。而且，在不熟悉对方所在公司的情况下，又该如何去找其他负责人呢？所以，销售人员应该发扬"雁过拔毛"的精神，不管对方是不是真的负责人，都要想方设法从对方那里获取一点有用的信息。因此，销售人员要做的是妥善处理这类电话，与对方建立良好的关系。如果对方不是真的负责人，但建立了良好关系，就等于成功地在对方公司培养了一个"卧底"。如果对方是真的负责人，建立了良好关系，约见目的也就达到了。

第二种做法或许对有些客户会奏效，对方也许会一时心软而承认，但毕竟是少之又少。大多数情况下，只会让客户更厌烦，进而无情的挂断电话。退一步，即使你确定对方就是负责人，也不能直接挑明，因为任何人都不喜欢别人当面戳穿自己。所以，这种方法不可取。那么，遇到这种情况，到底要如何处理呢？最好的办法就是放低姿态，学会装可怜。因为人们都有对弱者的同情心理。当你和比自己强的或者和自己不相上下的人示弱时，对方会对你放松警惕。

因为示弱时会让对方产生三种情绪变化：

1. 同感。深刻地了解到销售人员此时的心情。

2. 同情心。当对销售人员产生同感时，就会很容易地将心门向销售人员打开，然后允许销售员走进自己的内心。

3. 当客户在同情销售人员的时候，就会产生一种自我优越感，内心得到满足。

既然如此，在听到客户如此拒绝的时候，不管真实情况如何，销售人员都要学会示弱，以弱者的"姿态"博取客户的同情，再约见就不难了。

下面，我们就看一看销售高手是如何应付这一情况的。

话术1

"冯经理，据我了解，一般公司的销量统计都是由市场部负责。因为这样可以实时看到销量报表，然后根据报表做适当的市场调整。我相信这款产品一定会帮到您。我们见面谈一下，可以吗？您只要看一下我们的产品，不需要您当面拍板。您看是今天下午还是明天方便呢？"

【点评】

这样回复是在销售人员明确知道对方就是负责人的时候使用。这样回复，一方面说出了自己的产品的优点；另一方面降低了自己的姿态，利用请求的方法让客户心软，答应见面。如果客户就是真正负责人，却如此拒绝，就说明销售人员的话语没能打动客户，此时要做的就是通过具有吸引力的语言激发客户的兴趣。

话术2

"那真是太不好意思了。但今天能跟您通话，也是一种缘分。那么，冯经理，我能请您帮一个小忙吗？（客户一般会答应）我是一个刚刚毕业的大学生，公司给我们下了任务指标，每月必须完成20万的任务，马上要到月底了，我刚刚完成了三分之二，您可以告诉我一下，贵公司是谁负责这一块吗？这样我就可以完成任务了，好不好？"（打开话题后，判断真正的负责人，然后再择

机提出约见要求）

　　这样回复是在不确定对方是不是真正负责人的时候使用。这样的回复也采取了示弱的策略。让对方产生同情心，愿意帮助销售人员。进而得到一些有用的信息。如果对方就是负责人，听了这样的话，就可能会心软，答应你。如果不是，对方就可能告诉你真正的负责人是谁，这样一来，一切就都好办了。

　　总之，当客户以"我不管这些，你去找具体工作人员吧"这类话语拒绝你的时候，销售人员一定要保持冷静，适时放低姿态，让客户不忍心拒绝。

情景十五

"我们只选择有实力的大公司合作"

——澄清实力，扭转客户的定性思维

【情景设置】

　　小肖是一家服装公司的销售人员，主要负责联系一些大型的销售商，这是他与一位客户的预约电话：

　　小肖："您好。是马总吗？"

　　"你是谁？"话筒那边传来客户警惕的声音。

　　"我是××服装公司的小肖。是这样的，马经理，我们公司新近设计了几款新的服装……（话未说完，被客户打断）"

　　"别说了，我没兴趣，我们只选择与有实力的大公司合作。"

　　如果你是小肖，现在该如何做呢？

　　□ 沮丧的挂断电话，心里默认自己的公司实力很一般，丧失客户。

　　□ 反驳客户，与客户针锋相对，尽力维护自己公司的形象。

　　这两种表现都不是最佳表现。第一种表现是不相信自己的公司的表现。一个销售人员如果连自己的公司都不相信，怎么还能做好销售工作。第二种表现虽然维护了公司的利益和形象，但未免过激了点。与客户反唇相讥、针锋相对……仅能得到一时的痛快，最后却彻底失去了客户，有些得不偿失。

　　不论是在面谈中还是电话预约时，打击销售自信心的死敌之一就是担心公司实力和品牌不响，客户看不上。这是时下一些小公司的销售人员存在的一种普遍现象，所以往往错过很多潜在的客户与市场机会。未见客户，自己的心里都已经得出了输的结果。所以，面对这种情况，首先要求销售人员要对企业和产品有足够的自信心。

建立对企业和产品的自信心，销售人员必须明白"狼有狼道，蛇有蛇窝"。任何大企业都是从小企业成长起来的，任何驰名品牌都是从不知名品牌开始的。今天的小企业、小品牌，明天可能就是大品牌、大集团。大企业有大企业的好，小企业有小企业的优势。销售人员必须先找到企业和产品的优点和优势，并结合客户的实际需求不断强化和传播这些优势、优点。这样一来，企业小和品牌弱就不会成为推销的绊脚石了。

一般情况下，每个企业都会有以下优势中的一项或多项：

1. 技术优势。企业拥有独到的技术，这就代表能生产其他企业所不能生产的产品。这种产品具有专一性，独特性，质量也更可靠。

2. 服务优势。靠自己的优质服务打动客户。

3. 价格优势。

4. 人才优势。

5. 规模优势。

6. 产品优势。

无论如何，任何企业都会有自己的优势，销售人员必须学会提炼这些优势，并用这些优势说服客户，让其放弃对小企业的成见。所以，优秀的销售人员会这样预约客户：

话术1

"马总，我们公司有很多著名的设计师，更有一大批具有高缝制水平的技术工人。而且，我们公司所有设备都是进口加工设备。公司生产加工的主导产品严格执行合同标准，工艺装备、检测手段、质量管理水平均已达到同行业先进水平。不瞒您说，我们公司就是靠实力走到今天，虽然我们公司的规模比不上大公司，但我们公司的产品绝对数一数二，产品质量有保证，价格也具有绝对的优势。你说对不对？要不这样，马总，我明天带几件样品过去，您亲自看一下。您看是上午方便还是下午合适？"

【点评】

这样的回复向客户展示了自己公司的实力。有一流的设计师，技术工人，有一流的生产设备，还有严格的管理标准和质量，等等。这样一来，就能打动客户，从而扭转客户的定性思维，进而答应约见。

话术2

"我承认，我们公司的确不属于世界五百强，呵呵。但我们公司也是一个规模很大的公司，在全国都有代理商，产品甚至远销海外，目前发展势头很强劲。话又说回来，大企业有大企业的好，小企业有小企业的优势，特别是在价格方面，我们有更大的谈判空间，您说对吧！我们的产品到底如何，还是要您亲自过目一下才能知道。这样，马总，我明天带几件样品过去，您亲自看一下。您看是上午方便还是下午有时间？"

首先用诙谐的语言缓和一下气氛。然后，再点出公司所具有的实力；同时，利用价格诱惑客户。最后，利用体验式销售法成功约见客户。

总之，当客户以"我们只选择有实力的大公司合作"、"你们公司太小"、"你们是小公司吧"等话语拒绝你的时候，销售人员一定要沉住气，要有信心，尽量在短时间内向客户展示出自己公司的实力、优势，争取约见客户的机会。

情景十六

"就在电话里说吧"

——坚持不懈，让客户不得不答应

【情景设置】

陈晨是一家保险公司的业务员，下面是他与一位客户的预约电话。

陈晨："您好。是王小姐吗？"

客户："我是，你是谁？"

陈晨："您好，我是××保险公司的陈晨。是这样的，王小姐，听说您目前打算购买××保险产品，是吗？我想我们可以见面谈谈。"

客户："不用了，你就在电话里说吧。"

如果你是陈晨，该如何继续呢？

□ 听从客户的建议，在电话里推销产品。

□ 直接否定，说必须见面谈才行。

以上两种方法其实都不是最佳的方法。第一种表面上看客户给了销售人员机会，销售人员也抓住了机会向客户推荐自己的产品，但我们电话的目的是约访。当然，在电话里谈成更好。但通常的情况是你在电话里说完了，客户也不会答应见面，无疑是在浪费时间和精力。换句话说，这纯粹是客户的推托之词。第二种方法会让客户觉得你不尊重他，不给他面子。要知道任何人都不喜欢被别人直接否定。所以，在任何情况下，销售人员都不能直接否定客户的话。实际上，在电话约访的时候，销售人员一定要注意以下事项：

1．有限目标原则。记住电话约访的目的就是一个：找到有购买可能的客户，并建立一个恰当的约见机会。

2．事先制定计划。电话约访也要事先有个计划。这个计划就是一套或几套引导对方对产品引起注意，对销售人员建立好感，积极进行约谈的说辞。

3. 不要推销产品。电话约访不能急于推销产品，应以介绍产品信息、了解对方状况为主，这样反而易于达成约谈机会。

在电话约访中，注意以上事项，约访成功的几率就会大大增加。那么，当销售人员听到客户说"就在电话里说吧"此类话语时，具体要如何回复呢？下面我们看一下销售高手的回答：

话术1

"王小姐，我也不想耽误您太多的宝贵时间，但这个保险计划相当重要，我希望能够当面向您解说清楚。另外，我还有一些细节性的问题想与您讨论，电话里是没有办法说清楚的。"

【点评】

这样回复，首先肯定了客户"电话沟通"的建议，随后指出电话沟通存在的弊端，再次找到约见的突破口。销售人员永远要记住：电话约访的目的是要和客户敲定面谈的时间。

话术2

"如果真是那样，那我的工作性质一定就是电话销售了。其实我也希望通过电话就可以解决问题，节省彼此的时间。问题是很多事情很难仅仅通过话筒说清楚，而且我们多花一点儿时间，就可以大大提高工作效率，避免因为传达有误而浪费时间和精力，还能让我们的沟通更加顺畅，您同意我的观点吗？"

【点评】

先用诙谐的语言软化沟通气氛，然后说出电话沟通的不便，进而提出必须见面的理由。

总之，当遇到客户"电话里说"的拒绝托辞时，不要轻易妥协放弃，而要找到合适充分的理由，坚持不懈，争取面谈机会。要知道，既然客户能选择电话沟通，那就说明客户还是有一点"心动"的，所以，这也是销售人员坚持面谈的最好时机。当然，坚持要适度。如果坚持变成强求，就会引起客户的反感，必定会失去约见机会。

第二章

主角未见，小鬼挡路，如何继续

—— 一道看似不可攻破而虚掩的门

　　大多数销售人员可能都遇到过这样的情景：拜访或者预约客户时，对方的前台或秘书似乎是一道牢不可破的门。俗话"阎王爷好见，小鬼难缠"说的就是这个道理。因为前台、秘书、助手们训练有素，拖延、拒绝的借口信手拈来，致使很多销售人员花了无数的时间和心机，却总也见不到想要约访的客户。为了能直接与目标客户通话或见面，达成销售目的，销售人员必须懂得应用一些处理技巧，成功突破客户秘书这道接触客户过程中最大的障碍。

　　记住，前台和秘书都是纸老虎，遇到他们的阻拦时，可以跟他们套近乎，也可以语气坚定、严肃地讲话，用强有力的语言镇住对方。总之，不管他们的借口多么多、壁垒多么森严，只要销售人员肯动脑筋，还是有很多方法可以应对的。

本章导读

情景一
"我现在很忙，你过一会儿再打过来吧"
——不卑不亢，想方设法拉近与对方的关系

【情景设置】

某礼品公司业务员黎蓝，因为不知道客户的直接联系方式，只好打通了该客户公司前台的电话：

黎蓝："您好，是××公司吗？"

"是的，您有什么需要帮助的？"电话那边传来前台小姐礼貌的询问声。

"请您帮忙联系一下行政部门的负责人，可以吗？"黎蓝笑着说。

"我现在很忙，你过会儿再打过来吧！"前台小姐回绝道。

如果你是黎蓝，现在该如何处理呢？

☐ 顺从对方的意思。

☐ 直接要求说："占用不了您太长时间，您只要帮我转接到行政部门的负责人就可以了。"

在遇到类似的情况时，大多数的销售人员都会采取上面两种方式中的一种。

第一种方式，销售人员乖乖听话，挂断电话，就等于将主动权拱手相让。而且，就算要挂断电话也应该争取多问出一些有用的信息，如何时再打过来，或者问出要找的客户的一些信息。

第二种方式会让前台感觉不受尊重，忽视了前台的感受，那么对方更不会帮你转接了。

很多销售人员听到前台这样说，不是放软语气恳求就是强硬的要求对方转接，这都是不可取的。虽然转接电话是前台的工作，虽然明知这是他们的拒绝借口，也不能失了礼貌和耐心，此时更要表现得不卑不亢。其实，前台或秘书这样回答，也许是真的很忙，也许只是在执行上级的指令，甚至是他们因为情绪不好而将销售人员当做了发泄对象。不管怎样，销售人员打电话的目的是绕过前台或秘书，找到目标客户。遇到这种情况，销售人员就需要灵活应变，设法突破他们的阻拦。而运用满足虚荣心法或者同理心原理可以有效解决这一问题。

1. 满足虚荣心。任何人都有虚荣心，前台或秘书的虚荣心就是抬高他们的身份。销售人员可以把实际情况讲给他们听，请他们一定要帮忙，让他们感觉受到了尊重；同时，确认无误告诉对方即使把电话转过去也不会受到目标客户

的责怪，他们当然会欣然给予帮助。

2. 同理心。将心比心是拉近人与人之间关系的最快捷的方法，对对方的工作或者境况给予理解和同情，软化对方的情绪后，再进一步提出自己的要求更容易成功。

不管是利用满足其虚荣心法还是同理心原理，这两种技巧也有一定的缺陷，即与对方沟通的时间过长，会做很多无用功。但这种方法往往都可以通过前台关。当然，有些前台或秘书的态度很恶劣，没有礼貌，对于这种人，销售人员就没有必要浪费时间与其套近乎，此时抱着不卑不亢、以公对公、就事论事的态度直接回击对方，也许才是最佳的方式。例如下面的方式就可以借鉴。

话术 1

"我知道您很为难，每天接到各种各样的电话都很多，很难确定哪个电话该转接，我也有过这样的经历，我很理解您。但我今天给你们行政部打电话真的是有很重要的事情，必须马上和行政部取得联系，麻烦您现在帮我转一下。"

【点评】

这样的回答，首先对对方表示出理解，一下就拉近了与对方的关系。随后，再诚恳的告知对方这件事确实很重要，对方也就不忍再拒绝了。

话术 2

"我很理解您工作上的辛苦，那请您帮我查一下×总的分机号吧，待会我直接给×总拨电话，向他报告一下××项目的进度情况，我们老板已经与×总约好了，您就放心转进去吧。"

【点评】

如此回答，即利用了同理心原理，同时也运用了威胁法，双管齐下，通常情况下，对方会妥协。其实，"理解万岁"这句话用在销售中也是行得通的，如果你向前台或秘书表示你理解和体会对方目前的感受，对方就会很信任你。

总之，这种情况下，销售人员必须保持耐心，态度要不卑不亢，不能太强硬，也不能没有原则，要尽可能与对方建立一个良好的关系，即使最终无法见到目标客户，至少也要从前台或秘书处获得一些有用的信息。

情景二

"请告诉我您要找的人，我才能帮您转接"
——瞒天过海，用"善意谎言"绕过"障碍"

【情景设置】

高楠是某机械设备商贸公司的业务员，主要负责维护市场老客户，开发新客户。高楠主要从网站上获得一些公司的信息，然后联系客户。这天，他拨通了某公司的总机电话：

"您好，是××公司吧？"

"是，您有什么需要帮助的吗？"客户公司前台小姐客气地问道。

"请帮我转接一下采购部。"高楠镇定地说。

"请问您找采购部的哪位？"前台小姐依然礼貌地问道。

"您就帮我转接到采购部就可以了。"高楠加重了语气。

"对不起，我们这里是实名制转接，最好告诉我您要找的人，我们这有规定，不提供姓名不能转接电话。"对方客气地将问题又推回到高楠身上。

如果你是高楠，此时会如何做呢？

☐ 无奈放弃。

☐ 直接回复："我不知道他叫什么名字，您就帮我转接到采购部就可以了。"

☐ 犹豫的说："您能告诉谁负责××采购吗？我就找他有事。"

在遇到类似的情况时，大多数的销售人员都会采取上面三种方式的一种。

第一种方式，无奈的放弃，说明销售人员的底气不足。当然，这样做有时也是一种明智之举，说不定通过其他方式详细了解一下客户，能找到其他的联系方式。但通常来讲，这样的回答都是失败的，前台一拦，你就退，很难绕过前台，找到目标客户。

第二种方式，直接告诉前台自己不知道负责人的名字，让对方转过去。显然也给了对方更有力的拒绝销售人员的借口，不知道名字就不转，这是规定，显然这样无法达到目的。

第三种方式，销售人员信心不足，甚至寄希望于前台，让对方告诉你目标客户的姓名，无疑是希望越大、失望越大。前台不但不会转接，还会断然拒绝，甚至挂断电话。

在很多企业，特别是一些大企业、外资企业，实名转接制非常普遍。在这一制度下，如果销售人员不知道目标客户的姓名，就很难绕过前台，这种情况非常棘手，就犹如一堵高墙，立在销售人员和客户之间。但为什么有的销售人员依然能够突破这堵高墙，找到目标客户呢？就是因为他们总结了一些实用的方法和技巧。

一般来说，销售人员在打电话预约客户前，要做好一系列准备：

1．了解企业信息。打电话之前，多了解企业的资料。企业官方网站上面一般会有不同部门主管的联系方式或者姓名，销售人员可以对前台说出其中一位的名字，前台一般都会转接。

2．确定信息的准确性。销售人员要学会利用电话黄页、网络、报纸杂志等信息渠道，或者用114查询台去调查或者确定一些电话的真实性、可靠性，收集客户的信息。

3．利用非工作时间。在非上班时间打电话，如果有人接，一般都是重要负责人。

做好以上准备，得知客户的直接联系方式或者姓名，绕过前台也就很容易了。当然，如果销售人员通过一些手段还是无法获得想要获得的信息，这样就不得不通过前台转接。这时只要通过一定的语言让前台意识到你的来电的确与公司内部相关人员存在重要的联系，他们就会妥协。

在实际工作中，销售人员可以这样应付这种情况：

话术1

"您好，是这样的，我是人事通知面试的；刚刚与人事经理通过电话，他让我找采购经理面试，您都我转下，我想与他确定一下具体的面试时间和地点，谢谢！"

【点评】

这样回答就会让前台感觉是真的，必须转接过去，因为事出有因，当然就不会再横加阻拦。需要注意的是，销售人员需确定该公司近期确实有招聘行为，否则就会被揭穿。

话术2

"我是××公司的，贵公司之前曾向我们采购过××设备，昨天贵公司打电话通知我们说这种设备在使用时出现了一些问题，要我们尽快与他联系。当时由于销售助理的一时大意，忘了问对方的姓名。这是我们工作的疏忽，给您添麻烦了，真是抱歉！"

【点评】

诚恳礼貌地说出了具体原因的同时，并强调这件事可能会影响到客户公司的利益，前台一般不会再次拒绝。当然，这样说的前提是要确定该公司确实使用这种设备。其实，解决的方法很多，如可以在最初拨通总机的时候，以该公司客户的身份要求转接给某业务员（很多时候能在网络上查到该公司某些业务员的姓名）。当电话被接进业务部后，可以假装前台转错电话，你要找的是采购部，请他帮忙转接一下（一般大一点的公司都有内线转接功能的）。最坏的情况是如果销售人员采用了很多方法都不可行，那就只能坚持多打几次电话。与前台熟悉了，或许就会有机会。

总之，在这种情况下，销售人员一定要保持耐心，要保持平和的心态。为了表示对前台的尊重，最好先问前台姓什么，在这个前提下，再进行后面的工作就容易多了。

情景三
"请您留下姓名和联系方式，他会联系你"
——请求帮忙，礼貌周全打动对方

【情景设置】

宋萌萌是某调研公司的调研员，主要负责联系客户，调研相关课题。根据公司提供的客户名单，宋萌萌详细了解了一位客户的信息，遗憾的是没有该客户的直接联系方式，只好先打到客户公司总机：

宋萌萌："您好，请转接人事部。"

前台："你找哪位？"

宋萌萌："人事部经理在不在？"

前台："不在，你有什么事吗？"

宋萌萌："那他什么时候回来？外出还是开会？"

前台："外出了，你到底有什么事？"

宋萌萌："我这里有一份重要的人事文件要交给他，请问他的联系方式是什么？"

前台："这个不方便告诉你，请留下你的姓名和联系方式，他回来后会与你联系。"

如果你是宋萌萌，这个时候会怎么做呢？

□ 郑重的留下自己的姓名和联系方式。

□ 直接反问客户的联系方式，说："你还是告诉我他的手机号吧。"

在遇到类似的情况时，大多数的销售人员都会采取上面两种方式的一种。但是，这两种方式显然都不能达到目的。

第一种方式，轻易的就将自己的姓名和联系方式告知对方，几乎没有任何作用。大多数情况下，前台这样说都是委婉的拒绝，也是对销售人员的最有效路障。如果销售人员就此认为对方会联系你，那就大错特错了。因此，销售人员此时应问对方什么时候才能找到目标客户，或者与前台或秘书预定一个联系时间。

第二种方式直接反问目标客户的联系方式，会让前台或秘书感觉不受尊重，而且某些领导层的联系方式也不可能轻易就透露出去。因此，这样回答的结果很可能就是前台或秘书更严肃的拒绝。其实，前台要求销售人员留下姓名和联系方式的意义几乎没有，通常会被他们遗忘。因此，在这种情况下，销售人员不能只留下姓名和联系方式，而是要放低姿态，诚恳的请求对方帮忙，达到目的。在这个过程中，销售人员须注意以下问题：

1. 在通话过程中要保持微笑。

2. 请求对方帮助自己。

3. 创造一个良好的通话氛围。

4. 所说的话语要有说服力。

作为销售人员，你要明白微笑永远是最好的沟通润滑剂，即使是在电话中，销售人员也要保持笑意，并且要让对方感受到你的笑意，这能表现出你的友好、热情和诚意，有利于与对方进一步交谈。

被别人要求帮助的人总是觉得有面子的，这个道理大家都明白。因此，销售人员要学会请求对方帮忙，而不是命令。另外，在电话交谈中不要一味的要求对方转接电话，要尝试表达自己销售的产品对该公司非常有用，在引起对方兴趣的同时可以乘胜要求对方让你与目标客户通电话或见面。当然，销售人员还要让自己说的话有说服力。很多情况下，对方的秘书或者助手阻碍越多，就越说明对方是负责分担目标客户一部分工作的，他不但负责"过滤"电话信息，而且会为目标客户选择最有用的建议。因此，在某些情况下，销售人员要像对待目标客户一样对待阻拦你的前台或秘书等。那么，当对方以"留下联系方式，他会联系你"拒绝销售人员的时候，可以这样回复：

话术

"呵呵。×小姐（最好事先询问出对方的姓名），我们很多客户都这么说，但往往都没有再打过来。最重要的是他得先了解以后才能知道需不需要，对吧！而且，我相信我跟咱们人事经理说了以后，他肯定会马上考虑的。这样吧，他什么时候在，我再跟他联系，好吗？"

【点评】

这样回答一方面缓解了双方对立的气氛，另一方面也暗示对方——这件事目标客户肯定会感兴趣。给了对方一定压力的同时，也表现出自己的自信。然后，再乘机问出下次联系时间或者客户的直接联系方式。这样一来，成功与目标客户通电话的可能性就大大增加了。

话术2

"那我什么时候打电话才能找到他？我相信你肯定可以帮我安排一个最佳的时机与他通电话吧！"

【点评】

这样回答一方面询问了再次联系的时间，另一方面用肯定期待的语气请求对方为自己安排一个通话时间。这样的回答其实从某方面来讲是抬高了对方的身份，通常他们都会愿意帮忙。虽然这样回复可能无法当时就与目标客户联系，但也为下次联系做好了铺垫。

话术3

"×小姐，您看这样，我们暂且定下一个会谈时间，然后您再与×经理确认。如果他不同意，也可以取消。"

【点评】

这样的回答是为双方都提供了一个机会，各退一步，不至于将后路堵死。因为先定下一个会谈时间，等待前台或秘书等与目标客户确认，前台或秘书尽到了自己的责任，销售人员也有了一个再次联系的理由。第二次再打电话的时候，转换策略，成功的几率就很大了。

在与前台或客户的秘书进行沟通时，一定要很尊重他们。而尊重的语气首先表现在礼貌的寒暄、言语的适当停顿和聆听他们的反应上。如果你没有打招呼，语言唐突，术语太多，不顾对方反应，令对方不得要领，这样不仅导致对方对你的第一印象欠佳，还会给人一种电话骚扰的感觉。

总之，当前台或秘书等人用这样的理由拒绝销售人员的时候，销售人员一定要礼貌对待。从某个方面来讲，打电话到前台就是需要对方的帮助，有时候简单明了的把事情向对方说清楚，也许更容易打动对方。

情景四
"请先发传真或寄资料"
——因时而异，不同情况采取不同的对策

【情景设置】

某生产特种陶瓷材料公司的销售代表艾澜锁定一位目标客户，艾澜打电话想预约客户。拨通电话沟通几句后，艾澜发现接电话的是客户的秘书，下面是

其与客户秘书的对话：

艾澜："伍经理，您好。"

客户秘书："伍经理现在不在，你是哪位？"（艾澜感觉对方停了几十秒钟，她断定客户肯定在，但并没有揭穿）

艾澜："我是××的艾澜，有事想请教一下伍经理。"

客户秘书："是关于哪方面的事情呢？"

艾澜："特种陶瓷材料方面的。"

客户秘书："这样吧，你先发个传真过来，到时我会交给伍经理的。"

艾澜："我觉得我还是跟他通个电话比较好，请帮我转一下好吗？"

客户秘书："我们公司有规定的，我也没有办法帮你，如果你觉得方便就发传真或者寄资料吧，我们有需要的话会主动联系你的。"

如果你是艾澜，此时会怎么做呢？

□ 答应对方的要求，挂断电话，准备寄资料。

□ 控制不住情绪，直接指出对方是在敷衍自己。

□ 慢慢磨对方答应自己。

在遇到类似的情况时，大多数的销售人员都会采取上面三种方式的一种，但这几种方式都有不妥之处。

第一种方式是中了对方的陷阱。很多时候，销售人员发过去的传真或者资料都会杳无音信，压在前台或秘书那里，很难真正到达目标客户处。很多时候，一些前台人员或客户秘书、助理等为了委婉地拒绝销售人员，常常要求先寄份资料过去或发传真过去。这种拒绝方式非常隐蔽，就像对方给销售人员抛过来的"糖衣炮弹"，销售新人最容易中招。当他们听到对方这样要求时，往往满心欢喜，认为希望很大，于是传真、寄资料，忙得不亦乐乎。但是，随着时间的推移，那些寄出去的资料和发出去的传真都音信全无。因此，只是按要求寄送资料还是无法找到目标客户。

第二种方式，由于销售人员总是听到对方无情的拒绝，心里就会很恼火，意识控制不住情绪，就会说出一些气话，这样做对销售工作毫无益处，反而为自己设置了更高的路障。因为销售人员越是这样说，对方越会拒绝，甚至恼怒，进而挂断电话。

第三种方式，这样软磨硬泡的手法有时候的确可以取得一些成效，但不建议这样做，因为这样做大多会无法达到目的，只是在浪费时间和电话费而已。

很多时候，销售人员被前台或秘书成功阻拦，并不是前台人员或秘书拒绝的多么彻底，而是销售人员个人的原因。因此，在与前台人员或秘书沟通时，销售人员要注意以下问题：

1. 克服自己的内心障碍。

2. 注意说话语气，要平等、礼貌、不卑不亢。

3. 将对方变成自己的朋友。

不论是与前台人员或秘书沟通还是与客户沟通，克服自己的内心障碍都是必须要过的关键环节。销售人员必须充满自信，想象自己能够成功，而不是被拒绝。其次，在与前台人员或秘书沟通时，还要注意语气，要在平等、尊重、亲和的基础上对话。在实际工作中，当遇到前台人员或秘书要求你先发传真或寄资料时，销售人员可以这样回复：

话术1

"我已经按照您的要求寄过了产品资料（发了传真），现在让我跟伍经理谈一谈吧。"

【点评】

这样回答的前提是销售人员确实已经按对方的要求做了（传真或寄资料给他），此时便可以向其施压以取得会谈的机会。如果对方仍然拒绝，就可以随机应变，如说："×小姐，我想发传真给伍经理，让伍经理确认一下他是否真的不想了解相关产品的资料。"也可以说："或许由于你的拒绝，贵公司很可能会花更多的钱购买了一种品质不如我推介的产品。"真诚的请求或者小小的威胁，有时会起到意想不到的作用。

话术2

"已经寄过了。这次来电是想与您确认一个会谈时间，我想您肯定能帮我安排一个最佳的时间吧！"

【点评】

不管有没有寄过资料，都可以这样回答。当然，最好是之前寄过资料，否则遇到那些比较较真的前台或秘书，有可能会被揭穿。如果销售人员不知道目标客户的名字，可以借此挖出目标客户的名字，可以说："负责新材料采购的人怎么称呼，我想寄给他一份资料，因为他很可能会对我们的产品感兴趣。"这样至少可以得知目标客户的姓名，为下次联系打下基础。

话术3

"我想给他发一封E-mail，请问伍经理的E-mail地址是什么？"

【点评】

很多时候，发传真不如发电子邮件。当然可以既发电子邮件，又发传真，等于是双层保险。而且，发E-mail可以得知目标客户的电子邮箱，这是非常有用的，因为对方能不经"过滤"地直接收到信息，只要他感兴趣的话就可能回电话。因此，销售人员再次致电秘书或助手时可以对其说："伍经理在E-mail中说了可以直接与他通电话。"

"当然可以，但我们的资料不是普通的文件，里面的数据有很强的保密性，是要给伍经理亲自参考的。我想您肯定明白其中的原因。伍经理现在在办公室吗？"

【点评】

这样回答，先顺应对方的话，答应对方的要求，降低对方的警惕心。随后转移话题，提出资料需要保密，并利用同理心得到对方的认同。如此一来，再做其他要求就能顺利过关。当然，如果这样说完之后，对方还是顽固不转，销售人员可以退一步，问出目标客户的E-mail地址或者其专用传真号码，如果不知道目标客户的姓名还可以借发快递之名，问出目标客户的姓名。

总之，如果前台人员或秘书要求发传真或者寄资料，销售人员应根据实际情况，分别采用不同的话术应对。当然，不能忘记感谢对方的帮助。若当对方不愿告知时，要礼貌地问其贵姓，给予尊重，和对方保持良好的关系。在说话语气方面，什么时候该礼貌友好，什么时候该严肃坚定，都需要销售人员灵活把握。

情景五
"你找××有什么事情"
——假装大牌，用气势让对方为你让路

【情景设置】

蒋明是某公司销售人员，一天，他从网上找到一个客户，于是，按照客户公司网站上的地址直接去拜访客户，下面是他与前台的对话。

蒋明："您好。"

客户前台："您好，请问有什么可以帮到您？"

蒋明："我找周总。"

客户前台："请问您找周总有什么事吗？"

如果你是蒋明，这种情况下怎么办？

□ 照直说出自己的来意，如"我想向周总介绍一下我们的产品"。

□ 愣在那，不知如何回答。

这两种做法肯定都无法通过前台这一关。第一种做法，客户前台的职责之一就是对与公司无关的一些人员予以阻拦。所以，销售人员照直说出自己的来意，无异于"自取灭亡"。当前台或秘书辨明你是推销人员或是推销电话后，就会严词拒绝你。而第二种表现就更不可取了。这说明销售人员没有自信，缺乏一些相关经验技巧，销售业绩也就可想而知了。那么，在这种情况下，销售人员应该如何应对呢？

首先，我们要分析客户前台或秘书的心理，前台一般处于公司的最底层，在公司里别人说什么，他们就要做什么。所以，他们会有一种自卑感。所以，当有人打推销电话或上门推销的时候，他们就会故意刁难，满足自己的虚荣心。当然，一些企业里的秘书也通常扮演这样的角色。但企业高层领导者的秘书地位要比这类前台或秘书高得多，或者说他们是公司里非常重要的人物之一，几乎了解老板的所有行程，甚至个人事宜。与这样的秘书通电话或者见面，结果要么是将信息转告给老板，并给老板一些建议；要么给你安排和老板沟通的时间，要么将你直接"枪毙"掉。所以，对于这类人物，销售人员必须重视起来，说话内容应与和准客户说的内容几乎相同，礼仪着装上也要正式点。但不管怎样，对于这一关，我们都可以采用抬高姿态的方法强攻过关，给对方造成一种心理上的压力。因为不管是前台还是秘书，都要听老总的命令，无法承担关于公司利益的责任。但使用这一方法时，要注意以下事项：

1. 保持好心态，充满自信。
2. 语气沉稳、坚定，吐字清晰。

下面，让我们看一下销售高手是如何回应前台或秘书的此类拒绝的。

话术1

"有很重要的事。与贵公司业务上有重要关系的事，如果您不让我进去，有什么损失，您能负责吗？"

【点评】

这样回答放大了事情的严重性和紧急性，会给前台或秘书造成很大的压力。会让他们感觉事情很重要，必须让销售人员进去，否则就可能造成严重的后果。因为他们没有权利替老板做决定。

话术2

"我和周××总经理很熟，昨天已经约好了。"

【点评】

这样直呼客户的名字，并且说已经约好了。一般情况下，前台或秘书都会放行，因为她们会以为你跟老板是很熟的朋友。当然，最好跟客户有过约定。不过，在没有预约的情况下，偶尔也可以这样做。

"私事，您不方便知道。"

【点评】

你这样回答后，通常前台或秘书就不大可能会继续追问不止，也不会轻易阻拦，所以这一方法是非常有效的。因为尊重别人的隐私是每个人应该具备的基本素质，更何况是前台或秘书。但要注意，如果你要找的负责人是异性，最好慎用此法。

总之，不管是打电话预约还是拜访客户时，当前台或秘书如此说的时候，销售人员可以假装大牌，用自己的气势让对方为你让路。

情景六
"您是哪位或哪家公司"
——反客为主，打乱对方原有的思维和阵脚

【情景设置】

苏阳是一家培训公司的销售人员，一天，他打电话想预约一位客户，下面是他与对方前台的一段对话：

苏阳："您好。"

客户前台："您好，这里是××公司，请问有什么可以帮到您？"

苏阳："麻烦转接人力资源部杜经理。"

客户前台："您哪位？"

如果你是苏阳，这种情况下会怎么办呢？

☐ 自报家门，坦白说出自己的名字，公司名称。

☐ 告诉对方自己的公司是做什么的，如说："我们是一家专业的员工培训机构。"

以上两种应对方法得到的结果肯定只有一个，那就是客户前台的一句"我们不需要"，然后，就是挂断电话的声音。所以，这两种应对方法都是不正确的。

大多数销售人员遇到这个问题时总是习惯于自报家门或者坦白交代，然而往往得到的是一记闭门羹。其实，销售人员要明白，前台或秘书的职责之一就是过滤掉一些无用的电话，特别是销售电话，将正确的电话转接给正确的人。所以，他们在接听陌生来电时，一旦怀疑或者确定打来的是销售电话，就会习惯性地产生抵触和厌烦情绪。

销售人员在回答客户前台或秘书询问的时候，前台或秘书做出判断的依据有两个：

1. 销售人员的身份。
2. 与要找的人之间的关系。

既然如此，销售人员就要利用好这两个依据，反客为主，变被动为主动。也就是突出自己的地位，或者突出与要找的人之间的关系，打破前台或秘书原有的思维和阵脚。那么，具体如何才能应对呢？让我们看一下销售高手是如何做的。

话术1

"我是苏阳，他知道的。麻烦转接到人力资源部。"

【点评】

用一种模糊的回答就会给前台或秘书一种错觉，这个人和经理很熟，然后就会将电话转过去。但是，也有前台或秘书在听到这样含糊的回答后，还会继续追问"你们是做什么的？"如此一来，销售人员就很被动。因此，在自报家门之后，就要主动而迅速地将话题过渡到要找的联系人上面去。这种应答方式的关键是在说完自己的名字后，要毫无停顿地把下一句话清晰响亮地说出来，不给对方考虑的空隙。

话术2

"昨天我和贵公司人力资源部的杜经理通过电话，他当时很忙，让我今天这个时候再打电话给他，请您帮忙转接一下，好吗？"

【点评】

在请求前台或秘书转接电话时，温柔而恳切地加上一句"好不好"或"好吗"，这样不仅表明销售人员态度非常诚恳，还能显示你对他们的尊重。其实，对他们来说，转接一个电话很容易，即便是陌生电话，只要前台或秘书感觉受到了尊重，就不会轻易拒绝。

除了以上的方法，其实还有很多方法可行，比如像前面讲的将事态严重化，秘书或前台绝对不敢怠慢。因为他们不愿意因此而使公司受到损失，更不希望自己被炒鱿鱼。

总之，在与前台或秘书对话的过程中，自信的态度十分重要，必要的时候就要抬高姿态，让他们迫于你的压力转接或放行。

情景七
"您打他手机吧"
——迂回变通，巧妙绕过对方的防御

【情景设置】

小雪是一家广告公司的销售人员，一天，她打电话想预约一位客户，但没有客户的办公号码，也没有客户的手机号码，只能先打到客户公司的前台，下面是他们的对话：

小雪："您好。"

客户前台："您好，这里是××公司，请问有什么可以帮到您？"

小雪："麻烦转接到你们老板办公室。"

客户前台："您有什么事？"

小雪："是这样的，我们公司刚刚给贵公司传过去一份合同，要确认一下相关条款，麻烦帮我转接一下。"

客户前台："他不在，您打他手机吧。"

如果你是小雪，这种情况下该怎么办？

☐ 沮丧的挂断电话。

☐ 追问负责人的手机号码。

这两种表现在销售人员应对前台或秘书时很常见。第一种表现很明显最不可取，这么轻易就放弃，怎么能做好销售呢？第二种方式是一种正确的应对思路。实际上，当前台或秘书用这种借口拒绝阻拦销售人员的时候，这是一种最棘手的情况。如果我们知道客户的手机号码，就不会将电话打到前台了。因此，这种情况下，销售人员就要尽量获取客户的手机号码。

前面我们说过，电话预约的首要目标是成功约见到想要约见的人，如果达不到首要目标，就要尽力达到次要目标，即获取客户的手机号码。但这并不容易，需要一定的技巧。

我们知道，手机号码是私人联系方式，在大多数企业里，老板或老总都会告诉秘书或前台不要将他们的手机号码告诉给不明底细的人。所以，前台成秘书一般都会很警惕，这个时候就要想办法消除他们的警惕心。通过前台或者秘书索要客户手机号码的方法很多，但前提都是迂回前进，如下面的方式：

1. 将事情严重化，表明事情很紧急，然后询问客户的联系方式。

2．假扮不同身份的人，获取客户的联系方式。如以银行名义，以朋友的名义，以对方客户的名义，等等。

3．将电话转移到一些难度较低的部门，如财务部、售后服务部等，这些部门防备心较弱，比较容易获得客户的联系方式。

需要注意的是，使用这些方式的时候，你的目的必须符合道德标准。如果前台或秘书就是不告诉而且态度很坚决的话，就要适可而止，以待下次找一个适当的借口重新获取。

下面，让我们看一下销售高手是如何应对这一情况的。

话术1

"信号不好，要不我就不会打到你这来了，请赶快转过去，这个合同很重要。"

【点评】

这样回答给了前台多个转接理由。首先，手机信号不好，前台会错认为你确实之前与客户联系过，有过约定。然后，又表明事情很紧急，就给前台形成很大的压力。这样一来，目的就达到了。要注意的是，这样回答的时候，销售人员语气一定要坚定、沉稳。

话术2

"是这样的，之前一直是我们××部门负责联系的，这几天相关负责人有急事请假了，走之前没来得及做详细的交接。所以，只好打到您这问一下，我们老板让我尽快和你们老板确认一下，以便正式签约，这样也不会耽误我们项目的合作进度。麻烦转接一下（或他的手机号码是多少）！"

【点评】

这样回答是以业务联系的身份与客户联系的，即假装与客户公司有合作。这样一来，前台就没有理由拒绝了。这种方法套取客户的联系方式或绕过前台大多都会成效卓著。当然，销售人员的态度、胆量决定了成功率的大小。

话术3

"麻烦转接到财务部（如果前台追问什么事，可以说有急事，总会有一个理由的）。"转接后，"您好，是李总吗？（故意说错，对方表示打错了之后，伺机询问客户的联系方式）真是不好意思，那李总的分机号是多少？"

【点评】

这样的回答也是一种迂回变通，因为前台或秘书的警惕性很高。与其在他们那里浪费时间和精力，不如将电话转移到一些防备心较弱的部门，如财务部、售后服务部、后勤部等，这些部门相对来说都比较容易突破，加之销售人员诚恳的态度，很容易取得他们的帮助，进而将电话转进去或者获取到客户的联系方式。

总而言之，当前台或秘书说"你打他手机吧"，这种情景很不容易处理，销售人员要么创造情景语气坚定的要求转接，要么迂回一下，从其他部门入手，达到目的。不管怎样，都不能轻易放弃。

情景八
"不好意思，他不在"

——巧用诈术，诱使对方说出真话

【情景设置】

夏鸥是某公司销售人员，一天，她偶尔看到一家公司的宣传广告，而自己公司的产品恰好符合该公司的需求，于是立即收集了客户的一些信息，并直接去客户公司拜访，下面是其与前台的一段对话：

夏鸥："您好。"

客户前台："您好，有什么需要帮忙的吗？"

夏鸥："我是巨人的夏鸥，我想见一下程峰程经理。"

客户前台："不好意思，他不在。"

如果你是夏鸥，此时要如何度过这一关呢？

□ 很失望，抱怨自己运气不佳，然后说："那我改天再过来拜访。"

□ 直接问前台怎样才能联系到客户。

很多销售人员在听到"他不在"的回答时，多数情况下会做出以上两种反应。第一种，如果销售人员只是简单地告知对方"改天再过来拜访"，将很有可能贻误良机。要知道，前台或秘书说客户不在，大多数情况下都是他们阻拦你的一个借口。如果销售人员自动的将这句话理解为客户不在，改天再来，很可能就错失了一次机会。而第二种方式，索取客户的联系方式没有错，但如果问法太直接、冒昧、唐突，前台或秘书通常会拒绝透露。因此，要巧妙地询问，具体方式前面已经讲过，不再赘述。

销售人员要知道，前台或秘书这样说，蕴含的含义可能有多种：

1. 纯粹是阻拦销售人员的借口。

2. 客户真出差了。

3. 客户正在开会或会见客户，不在办公室。

4. 客户外出办公了。

不管是哪种含义，销售人员要做的是拨开云雾，见证真相。即尽量想办法探明客户目前的具体情况：是人在公司而此时不方便接待，还是外出办公还未回，或者是去外地出差了，等等。

如果确定客户确实不在公司，销售人员可以将产品目录或介绍等能引起客户兴趣的宣传资料以及自己的名片先留下来，并且在这些资料封面的页眉处留言，留言下方落款自己的姓名、联系方式以及计划下次拜访的日期，给客户留下特别的印象。同时，要对前台或秘书礼貌致谢，为下次拜访创造条件。如果想得到客户的私人联系方式，就要巧施手段套出答案，不可太过鲁莽。

如果是其他情况，那就要想办法让前台或秘书放行。而利用"诈术"，诱使对方说出真相就是一种很有效的方法。具体要如何做呢？让我们学习一下销售高手的妙招：

话术1

"但我找他有非常重要的事情谈，这件事情关系到几千人的利益。您知道他去哪了吗？什么时候能回来？"

【点评】

为了进一步试探前台或秘书所说的话的真实性。销售人员可以强调自己来是因为很重要或者很紧急的事情，或者说是提前约好的。然后注意观察前台或秘书的反应，判断客户在不在。如果发现对方说的是谎话，要进一步争取获得与客户见面的机会。

话术2

"是吗？这可怎么办？我们说好今天要谈一个很重要的项目。麻烦您帮我看看，说不定他已经回来了。"

【点评】

假装业务员身份，让前台觉得你可能真的与客户有约。随后，放低姿态，请求对方帮忙，既给了对方的面子，也达到了自己的目的。

总之，这种情况下，销售人员一定要沉住气。不管客户在不在公司，都要假设客户就在公司，并努力尝试，见到客户。如果客户确实不在，也要尽量达到次要目标，如索客户的手机号码或者客户的名片等，为下次拜访打下基础。

情景九
"有什么事情，跟我讲就可以了"
——强调重要，让对方意识到不能替领导做主

【情景设置】

何冰是某公司销售人员，一天，她按照公司提供的客户信息去拜访一位客户，下面是她与该公司前台的一段对话：

何冰："您好。"

客户前台："您好，你有什么事吗？"

何冰："我找张总。"

客户前台："你找张总有什么事吗？"

何冰："很重要的事。"

客户前台："他现在在开会，有什么事情，跟我讲就可以了。"

如果你是何冰，此时该怎么做呢？

□ 一五一十地向对方说出来意。

□ 放弃拜访，说改天再来。

□ 对前台或秘书介绍产品，并嘱咐他们一定要转告老总。

很多销售人员听到这句话时，常常做出以上三种反应中的一种。但这三种表现都不可取。

第一种，本来前台或秘书这样说就是阻拦你，如果你再一五一十的说出自己的来意，那就正好给了前台或秘书"赶人"的借口，让你吃闭门羹。

第二种方式，改天再来，可能永远都见不到客户。因为前台或秘书总有理由阻拦你，而且也可能会丧失拜访客户的机会。

第三种方式是将希望寄托在了前台或秘书身上。这也无异于他们阻拦成功，他们是不会向老板汇报的。其实，一般前台或秘书这样拒绝一个陌生人的拜访，是因为他们事先得到了当事人的嘱托，目的就是防止推销人员无休止的骚扰。而且，由于得到了授权，前台或秘书的态度一般都很强硬，所以，这个时候，销售人员最好要从正面回答。那么，具体要如何应对呢？有两种方法很有效：

1. 威胁法。渲染事情的重要性，让对方明白自己无法承担责任。

2. 专业法。运用专业性的语言让对方主动让你进去。

我们知道，人都有一种心理弱点，那就是怕担责任，前台和秘书也一样。

因此，这种情况下，销售人员要利用这种心理，强调事情的重要性，让对方意识到不能替客户做主。

那么，具体要如何应对呢？优秀的销售人员会这样回答：

话术1

"跟您说当然可以，但这是关乎几百万生意的大事，您能做主吗？"

【点评】

这样回答，首先顺着对方的话说，随后将事情过度渲染，给对方造成很大的心理压力，对方会想：这么大的事必须赶快让他进去，否则自己无法交代。其实，虽然前台或秘书得到授权，但毕竟有些事（如关系到金钱等）是他们不敢阻拦的。因此，这时，销售人员语气一定要坚定、沉稳，甚至强硬一点。这样，对方就会认为你说的是真的，才能达到拜访真正客户的目的。

话术2

"我下午要出差了，这件事情实在不能耽误，关系到咱们两家公司长期合作，事关重大。因此，我必须与张总直接谈谈。"

【点评】

这样回答与上面的方法具有异曲同工之妙。既给了对方面子——即现在必须见面的理由，也强调了事情的重要性，让对方不得不让步。

话术3

"可以的，我要与张总针对新媒体方面的事情深入讨论一下，就见×××方面的事宜……"

【点评】

这样故意使用专业术语回答对方，对方一时听不懂，就会认为你真的找老板有事，于是让你进去。或者当对方听不懂的时候，销售人员就可顺水推舟，说："您看，这样沟通您也累，我也累，我看还是和张总直接谈比较好。"这样一来，十有八九就能成功拜访到客户了。

总之，在与对方沟通的过程中，为表示对对方的尊重，最好礼貌的询问一下对方的姓名，这样一来，沟通也会变得顺利一点。如果客户确实没有时间，那么就尽力从前台或秘书那里获得一些有用的信息，以便下次顺利拜访。

情景十
"他很忙，没时间见你"
——点头说是，用真诚换取对方的帮助

【情景设置】

谷雨是某公司销售人员，一天，她去拜访一位客户，下面是她与前台的一段对话：

"您好。"谷雨礼貌对前台说。

"您好，你找谁？"客户前台脸上现出一种防备的神色。

"我找钱总。"谷雨不卑不亢地说道。

"钱总现在很忙，你改天再来吧。"客户前台笑了笑回答说。

如果你是谷雨，此时该如何应对呢？

☐ 听从前台的建议，改天再来。

☐ 向对方表示自己不会占用客户太多的时间。

这两种反应通常会发生在很多销售人员的身上，但这两种方法其实都不可取。其一，听从前台的建议，改天再来，那就等于错过了一个推销的机会，是给自己找借口。这样做，你的销售业绩怎么能上的去？其二，要想销售成功，必须找到关键决策人。当你向前台或秘书解释自己不会占用客户的太多的时间，无异于自断后路。因为前台或秘书已经断定你就是做推销的，肯定不会让你见相关负责人。当然，如果客户真的很忙，不方便接见，那就另当别论。但销售人员要明白前台或秘书这样说，在大多数情况下只是阻拦你的一个借口。这时，你要理解他们，毕竟在其位就要谋其职。而且，很多时候，前台或秘书甚至是客户都会认为向他们推销产品是在浪费彼此的时间，此时，我们要做的不是竭力辩解，而是用真诚的态度消除对方这种错误的观念。而运用同理心就是一种不错的方法。同理心是指当某个人遇到某种事情时，销售人员能站在他的角度上去看问题，并且理解他。表达同理心常用的一般句型是：

1. "我很理解。"

2. "如果我是您，我也一定会这么做的。"

3. "我曾经也有过和您一样的观念。"

运用同理心是与对方拉近关系最快的方法，它可以使销售人员在极短的时间内获得对方的信任，从而进一步得到对方的帮助。

运用同理心方法时，最好与赞美法一起使用，因为在肯定对方感受的同时，适当表达对对方的欣赏，这样先"安抚"后"抬高"，效果往往出人意料。那么，当前台或秘书说"他很忙"、"现在忙着呢"等理由阻拦销售人员的时候，销售人员具体要如何回复才能顺利通过呢？下面我们看看销售高手是如何做的。

话术1

"是，我很理解。但是，有些事情再忙也是要处理的，耽误了就会损失几十万啊！"

【点评】

这样回答，点头称是，表示理解。要注意这种理解是发自内心的，真诚的。否则，无法打动对方。然后，利用将事件严重化的方法，给对方施压，达到目的。

话术2

"你真是一位尽职尽责的员工，这么为老板着想。这样吧（最好先询问前台或秘书的姓名），×小姐，您帮我看看，说不定钱总现在已经忙完了，我真的有很重要的事跟他确认。"

【点评】

先赞美前台或秘书，这是与人沟通最好的润滑剂。然后，礼貌的称呼对方，表达出对对方的尊重。最后，再用请求的方法让对方心软，进而达到目的。

总之，销售人员应该记住：前台或秘书也是人，也需要被尊重、被理解。所以，要用真诚换取真诚。

情景十一

"一看就知道你是做推销的"
——笑脸示人，用亲和力消除对方的芥蒂之心

【情景设置】

方芳是一家网络公司销售人员，一次，她做好了各种准备，然后去拜访一位客户，下面是她与客户前台的一段对话：

"您好。"方芳笑着对前台小姐说。

"您好，您有什么需要帮助的吗？"前台一边打量着方芳，一边回答。

"我找刘总。"方芳不卑不亢地说道。

"刘总？他现在很忙，有什么事就跟我说吧。"前台依然不冷不热地回答。

方芳也不急："我找他有重要的事，请让我见一下刘总。"

方芳刚说完，前台就笑了，说："您是做推销的吧？"

如果你是方芳，此时该如何应对呢？

☐ 予以否认。

☐ 自认失败，转身走掉。

显然，以上两种做法都不可取。第一种，你就是做销售的。这时候如果你否认，就在一定程度上贬低了自己以及自己的职业。销售人员要一直树立一种观点：我们是在帮助客户解决问题，而不是单纯的向客户销售产品。所以，销售人员要"理直气壮"，要有信心，不必说假话。第二种，在进行拜访之前，销售人员肯定已经做了大量的准备工作，这个时候如果轻易就放弃，都对不起自己的精心准备。

前台或秘书每天都可能接待很多这样的推销电话或者上门拜访的销售人员，他们对这类电话或人其实也有研究，而且也对此产生了很强的防备心和芥蒂心。因此，要想通过他们这关，销售人员要想办法消除他们的这种心理。要知道前台或秘书和我们一样都是人，每天都要做很多工作。因此，我们一定要对他们表示尊重、理解，用真诚打动对方，取得其的帮助。而销售人员打动他人时需要的一个重要品质就是要有亲和力。亲和力是拉近人与人之间的关系的一个重要法宝。那么，如何建立与对方之间的亲和关系呢？注意以下几点：

1. 语言同步。找到共同的语言。即把握对方的语言特点，然后用特点相同或相似的语言与之沟通，就能产生很好的语言感召力。

2. 表现同步。迅速找到双方的共鸣点，共同的话题，从视觉、听觉等方面产生共鸣，减少对方说"不"的机会。

3. 状态同步。你是镜子里的对方。你微笑对对方，对方就会笑着对你。

在这里，这几个方面都非常重要，最重要的一点就是随时随地保持微笑，笑脸示人，前台或秘书就不忍心拒绝你。但要注意，微笑必须真诚的发自内心。微笑时尽量不要发出太大的声音，也不要表现得过于夸张，否则对方会觉得不舒服。微笑要讲求"三结合"：和眼睛的结合，当微笑的时候，眼睛也要"微笑"，否则给人的感觉只能是更糟糕的"皮笑肉不笑"；和语言的结合，微笑着说"您好"、"我同意"等礼貌用语会让你更有亲和力；和身体语言的结合，微笑要与正确的身体语言相结合，才会相得益彰，如微笑着点头，会让对方更信赖你。那么，在遇到前台或秘书说"你是做推销的吧"的时候，销售人员要如何应对呢？一些销售高手的妙招。

话术

"呵呵，您真是火眼金睛，那我可以请您帮个忙吗？公司要求我今天必须拜见5位客户，现在就差最后一个任务了，我跟刘总说几句话就行，好不好？"

笑着回应对方的话，再加上幽默的语言，就让气氛有了很大的缓和。然后，诚恳的请求对方帮忙，一般都能打动对方。要知道微笑和幽默不仅可以让自己显得很有亲和力，同时还能让对方在交流的过程中不会有压力。而且，适时的示弱也会博得对方的同情，因为大家都是带着任务的，完不成就可能受到领导的指责。这样一来，前台或秘书就有可能答应你的请求。

话术2

"呵呵，您怎么就说我是做推销的？"（前台：一看就是。）哈哈哈，您肯定在这方面很有经验了，不过，这次您不是说得很准。（前台：为什么？引起好奇心）你们老总就曾跟别人说，他是你们公司的头号推销员。我比他差点，不是头号，所以被您拦住了，呵呵。不过，像您这么尽职而又有经验的人很少见。（前台：呵呵，那你到底是做什么的？）我是做网络推广的，像你们这边是做培训的，肯定需要进行很多的宣传。而我们正好可以合作，麻烦让我见一见刘总吧。"

【点评】

这样的应对方式其实就是为了消除前台或秘书的戒心，取得他们的信任。全程，销售人员都是笑脸相对，又利用激发好奇心法、赞美法、幽默法、利益法说服对方，最大限度地获得对方的支持。

当然，如果遇到非常难缠的前台或秘书，就不要在拜见老总的问题上过多纠缠，可以转而请求拜见其他部门的负责人，然后再从他们那里获得拜见的机会。

情景十二
"对不起，您有预约吗"

——出奇制胜，巧妙避过对方的阻拦

【情景设置】

贺明是某公司的销售人员，常常出去进行一些陌生拜访。这天，他走进了一家公司。前台小姐看见贺明，礼貌的问他："您好，您有什么需要帮助的吗？"

贺明："您好。我找采购部经理。"

"何经理吗？"前台顿了一下问道。

贺明赶紧回答："对，就是何经理。"

"对不起，与何经理见面要事先预约。请问，您有预约吗？"

如果你是贺明，此时该如何应对呢？

☐ 直接承认说没有预约。

☐ 说还没有预约，请对方给预约一下。

以上两种方法是很多销售人员常用的方法，但都有不妥之处。第一种方法，如果销售人员自己就老实的承认没有预约，就等于自己打断自己的后路。让对方一句话就打了回来，有点"窝囊"。其实，这也是销售人员头脑中的固定思维所致，心里总想着自己没有预约就贸然拜访，肯定会被前台或秘书拦下。而事情往往就真的按这个想法发展。因此，这样做虽然很坦诚，但对于自己的工作毫无益处。第二种方法也是一种很坦诚的方法，但往往只会得到前台或者秘书敷衍性的回答，不会有实质的结果。

一般公司都有提前预约的规定。如果事先没有约定，直接到没有联系过的客户处拜访，必须要越过前台和秘书关，这也是他们的职责所在。因此，销售人员要灵活应对这一情况。

进行陌生拜访前，销售人员要注意以下事项：

1. 尽量提前收集一些有关客户的信息，如客户姓名等。

2. 要像应约而来一样轻松、自信地走向前台，礼貌致意，用清晰坚定的语句说明自己的意图。

3. 灵活应对前台的发问。

销售人员直接进行陌生拜访，往往不知道要找的客户的姓名。如果什么都不知道就贸然地通过前台找，勇气虽然可嘉，但成功的可能性更小。因此，要通过一定方式知道客户的姓名。可以事先打该公司的电话询问，想办法问出。也可以在没到客户公司前台位置之前，问进出的员工，由于公司的员工警惕性低，就有可能告诉你客户的姓名。另外，前台判断销售人员是不是应约而来的依据有两个，一是查看约见备忘录（前提是该公司有这样的规定），特别是老总要见的人，前台往往都会知道。管理越严谨的公司，前台越能做到这一点。二是观察来访者是不是"像"应约而来的，这种情况主要是通过询问的方式获得。因此，销售人员一定要像应约而来一样轻松、自信地走向前台，礼貌致意，用清晰坚定的语气说话。但要注意，介绍自己时，尽量使用模糊的语言，如"我是××（不说具体公司名）的贺明，找采购部何经理。"那么，具体要如何应对呢？我们来看看销售高手的妙招。

话术

"我们有过联系"或"上次何经理说让我今天过来一下"。

【点评】

这其实是一种模糊的回答，碰到好说话的前台就能顺利过关。但如果碰上了较真儿的前台，一定要问有什么具体事时，可以用简短、抽象性的字眼或用一些较深奥的技术专用名词向前台说明来意，让她觉得你的来访很重要。如果自己的产品涉及不到抽象性的字眼或较深奥的技术专用名词时，可以含糊地说："上次见面和何经理聊过合作上的事，何经理让我过来再详细沟通一下。"这样也能过关。

话术2

"这个我知道，我们昨天预约过了。何经理很忙，不事先预约怎么能冒昧打扰啊？"

【点评】

如果销售人员在拜访之前确实预约过，那么这样回答没有任何问题。但如果是陌生拜访，这样回答时，销售人员一定要自信满满，语气要坚定，不能让对方看出破绽。

话术3

"我今天来跟他预约，明天再来拜访。快去告诉何经理吧。"

【点评】

巧妙、灵活是使用该话术的关键，需要销售人员具备丰富的经验和机智的头脑。机智幽默的回答，既给了对方一个理由，同时也给对方抛了一个"烟雾弹"，让对方一时反应不过来，习惯性的去告知客户。这样一来，见面的可能性就大大增加了。

总之，当前台或秘书以此阻拦销售人员的时候，销售人员一定要自信、坦然。就算最后见不到准客户，也要收集一些有用的信息，为下次拜访打下基础。

第三章

初次会晤，交谈片刻，客户欲去

——拒绝是客户最为常态的一种反应

也许是因为客户怀有"被人求"高高在上的心态，也可能是因为对那些每日数量众多进出频繁的销售人员司空见惯。因此，当销售人员满怀热情地去拜访客户时，常常是一开口就遭到了激烈的拒绝。例如，有的客户会不耐烦地说："我现在在忙。"甚至对那些来访的销售人员爱答不理。其实，一个销售人员的突然来访，本身就是一位不速之客，因而遭到客户的拒绝是最为常态的一种反应。销售人员遭白眼、受冷遇、吃闭门羹、被无情拒绝，也就不足为奇了。其实，只要找准切入点，将话说到点子上，你会觉得销售拜访并非想象中那样棘手——拜访成功，其实也简单！

本章导读

情景一

"现在市场不景气，生意难做，以后再说"

——逆向思维，恩威并用让客户主动松口

【情景设置】

某著名卫浴设备公司在华北地区开发新的代理商，业务员江娜经过多方调查，找到了一位潜在客户，并成功预约。这天，江娜按照约定拜访该客户，下面是双方的一段对话。

江娜："乔老板，您好。我是××的江娜，之前与您通过电话。"（江娜递上自己的名片）

客户："你好，请坐，有什么事吗？"

江娜："乔老板，是这样的，您在华北地区是卫浴设备的最大代理商，很多品牌卫浴设备都是您在代理销售，经常听到一些客户提到您。"

客户："呵呵，您客气了。"

江娜："我是真的佩服您，今天我来是给您带来一个好消息。"

客户："哦，什么好消息？"

江娜："我们公司最近研究生产了一系列新型的卫浴设备，我想您肯定会感兴趣。"

客户："新型卫浴设备？还是算了吧，现在市场这么不景气，生意不好做，以后再说吧。"

如果你是江娜，此时会怎么做？

☐ 失望的放弃，起身告辞。

☐ 不顾客户的异议，继续列举产品优势，期望客户改变主意。

在遇到类似情况时，大多数销售人员都会采取上面两种方式中的一种。第一种方式，销售人员太过轻信客户的话，客户这样说往往是推脱借口，如果如此轻易就被客户打发了，岂不是之前做的所有努力都白费了。第二种方式，自顾自的介绍产品优势，或许能够打动客户，但多数情况下，客户不会认真听，甚至会不耐烦的打断销售人员的介绍，或者是起身离开。这对销售工作也不是不利的。如何解决这个问题呢？首先，销售人员要了解客户这样说话的原因，大致有三：

1. 市场确实不景气，生意难做，客户认为销售新产品也不会有什么利润。
2. 客户还有顾虑，对公司没有信心，是一种借口。

3. 客户没有需求。

不同的原因，需要不同的对策。因此，当客户这样拒绝的时候，销售人员应探明原因，然后对症下药。

一般来说，对于这样的客户可以采取逆向思维的方法说服他。如果我们按常规的思想、观点、想法去思考一件事行不通时，不妨换个角度，从反方向入手，问题可能就迎刃而解了。

下面让我们看一看销售高手在遇到客户以"经济不景气"等理由拒绝时是如何应对的。

话术1

"您的意思是旺季的时候可以经销我们的产品，对吗？既然您有诚意经销我们的产品，我认为市场不景气是经销我们产品的最佳时期……（从引进产品可以使淡季不淡、竞争对手忽视是新品进入最佳时机等方面结合案例说明）"

【点评】

这样回答其实是利用了假设成交法。然后给客户说出一个充分的理由，让客户坚信购买自己所销售的产品是对的。其实，对于有的客户来说，最主要的是引导其转变观念与思想，只要其观念转变成功了，你的销售也就成功了。

话术2

"乔老板，您是生意专家，您应该明白：凡是生意做得好的人，他们都有一个原则——当别人卖出时自己买进，当别人买进时自己卖出。他们不会只顾眼前，更主要的是他们能预测未来。乔老板，今天您有相同的机会，您也愿意作出相同的决定，对吧？"（随后还可以结合案例，全方位的介绍公司及公司产品和营销做法，树立客户信心）

【点评】

这样的回答是灵活运用了逆向思维的技巧。第一步预设客户是一位成功者，而一位成功者是不会让经济不景气成为困扰自己或公司的因素的。第二步预设客户作为成功者总是会做出明智的决策。第三步则是预设其作出购买的决定才是正确的选择。事实上，只要预设模式运用得恰当、适宜，在许多销售场合销售人员都可以随心所欲地完成销售。针对这种情况，还可以用成功故事加以佐证。

话术3

"正因为生意不好，所以才需要新产品扩大销量呀！现在很多企业对于市场不景气这个问题都感到非常棘手，如果公司因为市场不景气，就什么都不卖，那业绩不是更差吗？如果能够重新改善产品的结构，将不畅销的产品处理掉，多销售一些新的畅销产品，这样不但能改变贵公司的形象，而且还是解决不景气的有效办法呢，您说对吗？"

【点评】

这样的回答就是采用了逆向思维分析问题，让客户知道正是因为现在行业不景气，才必须马上采购畅销产品，采购新产品。有时，对一些犹豫不决、说话反复无常的客户，更要采取恩威并用的策略，要告诉他未来的趋势和他目前存在的危机，同时也要告诉采购新产品是其唯一的救星，以此让客户主动松口。

其实，除了以上方法，当客户以"市场不景气"等作为拒绝理由时，还可以采用多种方法应对。如以幽默轻松的语气赞美对方："乔老板，您真会开玩笑，以您现在的条件，如果还说是市场不景气，那我们就是温饱都不保了。"当然，你也可以利用同理心原理，寻求原因，如"我理解您现在的心情，我非常遗憾听到这个消息，能告诉我是什么原因导致今天这种情况发生的吗？也许我能帮得上您。"还有一些客户很有主见，除非真正有需求，否则销售人员很难打动他们。对于这类客户，销售人员就不能再多做推销，而应适时撤退，但应继续与其保持联系，也许以后有业务往来。

情景二

"有熟人在做，我找他就行了"
——先迎后诱，让客户意识到最重要的是买到适合的产品

【情景设置】

某证券公司业务员程功去拜访一位客户，下面是程功与客户的一段对话：

程功："早上好，赵先生。"

客户："早上好，你是？"

程功："我是程功啊，昨天下午与您通过电话。"

客户："哦，我想起来了，是那个证券公司的吧？"

程功："是的，赵先生，谢谢您还记得我。"

客户："呵呵，坐吧。"

程功："赵先生，看您也是一位爽快人，我就直接说了，我今天来拜访您，主要是想向你介绍一种投资方式，让您的闲置资金也能生钱。"

客户："哦，其实就是购买股票，是吗？"

程功："可以这么说，但也不完全是。"

客户："哦，我对此不感兴趣，也不想做，风险太大。况且，我有一位朋友也在证券公司，要做的话，我找他就行了。"

如果你是程功，此时会怎么做？

□ 束手无策，选择放弃，然后告辞离开。

□ 追问对方是真的有朋友也做这个工作吗？

在遇到类似的情况时，大多数的销售人员都会采取上面两种方式的一种，这也意味着很多销售人员会拜访失败。

第一种方式，销售人员满怀希望的去拜访，却因为客户的一句话而丧失信心，然后乖乖的告辞。这样做，顺了客户的心，却伤了自己的心。更重要的是因为你的一时退却，而失去了一位潜在客户。

第二种方式，追问客户所说的话是否是真实的，是不礼貌的，容易引起对方的反感。因为这样的沟通方式实际是站在客户对立面的一种沟通方式，而客户一旦在心理上感觉受到反驳或拒绝，将给进一步洽谈带来很大的阻力。因此，这种情况下，销售人员应婉转的试探询问，学会站在对方的立场上说话。一般情况下，可能有两种情况，一是客户的确有认识的人从事这个工作，另外就可能是客户拒绝的托辞。其实，在这种情况下，客户所说的话通常是真实的。客户面对他的朋友和你，客户肯定会更相信自己的朋友。此时，销售人员可以采用先迎合再诱导的方法和技巧说服客户。所谓先迎合再诱导就是先迎合客户的说法，然后再表达不同的观点，其实就是先退后进。先迎合取得对方的信任，而后提出另一观点，对方就会在不知不觉中信服了。因为销售人员已经赢得了对方的心，让对方认为销售人员是在为自己着想，就会欣然接受销售人员了。使用"先迎合再诱导"的销售技巧，需注意以下问题：

1. 迎合不等于顺从，要有自己的原则。

2. 先迎合的目的是获得客户的好感，创造良好的沟通氛围。

3. 要注意将话题转到自己产品的优势上来。

在实际工作中，当客户以"有熟人在做，我找他就行了"等类似借口拒绝你的时候，不妨这样回复：

话术

"是的，我理解，能够向自己的朋友买产品是再好不过了，你们是认识多年的好朋友吧！（稍微停顿一下，观察客户的反应或者回答，然后做出适当的回复）这个请您留下做个参考，好吗？"（可一边拿出产品说明书、投资方案等给客户看，也可以一边说出一些成功的投资案例，等待时机劝导客户接受自己）

【点评】

这样回答首先迎合了客户的意思，并委婉的确认客户的话不是真实的。此时，销售人员就可以以留下相关资料为由，向客户做一些简单的解释，或许就能打开沟通局面。

话术2

"那很好呀！我相信您的朋友一定是一位很有能力的专业人士，不过我的建议和您朋友告诉您的并无任何矛盾。而且，就算您现在不需要，也可以听听我的介绍做一下参考，您说是吧（稍微停顿一下）。我们公司在证券投资方面（介绍一些独特的优势）……"

【点评】

这样的回答一方面迎合了客户的说法，另一方面赞美了客户的朋友，其实就等于赞美了客户的交友眼光。客户的情绪肯定会有所缓和，然后提出一个不同的观点，客户就不会再拒绝了。

话术3

"是这样啊？通过朋友做投资真的是一个不错的选择。不过，因为是朋友，也会有不方便的地方，比如在此后漫长的投资服务过程中，因为是朋友，如果对方服务让您不满意甚至直接影响到您的投资利益时，您是碍于朋友的面子忍气吞声还是和朋友撕破脸皮？所以，我建议您为了自己长远的投资利益考虑，找其他专业人士来服务。这是我的证件，我希望能成为您合格的投资顾问，同时通过我的专业服务成为您的新朋友。"

【点评】

这样的回答同上面的话术差不多，同时使用了迎合、间接赞美的技巧。不同的是委婉的向客户指出向朋友买东西也有不妥之处，不但会损失个人利益，还可能影响到客户与其朋友之间的友谊，如此一来，客户就有可能转变想法，接受销售人员的建议。

话术4

"呵呵，原来您和××公司的××是好朋友啊，××公司的服务真的很不错，在我们业界也是数一数二的，信誉卓越。不过，我们公司也很不错，具有……（独特优势），我们对自己的服务非常有信心，绝不比××公司的差，您选择了我们公司，我们绝不会让您失望的。"

【点评】

这种话术主要是针对客户说出自己的朋友在什么公司、叫什么名字等信息的前提下。这样的回答先赞扬了客户的朋友，客户会非常高兴。随后自信的说出自己推销的产品的优势，同时解决了客户担心朋友会误会的问题。这样一来，就有可能打动客户。但是，如果销售人员推销的产品或服务与客户的朋友的完全相同，而且客户一点儿也没有改变的心意，销售人员可以再退一步，或作个长期计划，先慢慢成为客户的朋友，再逐步进行推销事宜。如可以说："不过，您有什么投资方面的问题随时可以与我联系，我很愿意为您提供咨询服务。而且，如果有什么好的信息，我还是会通知您，多一个优秀的人才为您服务，您总不会拒绝吧！"

总之，当客户这样拒绝的时候，销售人员不能轻易放弃，更不能攻击竞争对手（客户的朋友）。一位推销专家曾经说过："一个成功的推销人员不应贬低或诋毁竞争对手。否则，就等于暗示买主的判断力有问题。"

情景三
"××太麻烦了"

——认同引导，用产品的其他优势打动客户

【情景设置】

某家具商场，一位客户需购买一组沙发，下面是该客户与某品牌沙发销售人员的对话：

销售人员："您好，很高兴为您服务，您打算买什么类型的沙发？"

客户："我还没决定，先看看。"

销售人员："好的，我知道购买家具很费精力，您可以细心比较，我会给您一些建议。"

该客户观察了很久，看上去对一款布艺沙发非常感兴趣。

客户："布艺沙发和皮质沙发哪个更好呢？"

销售人员："呵呵，两者都有自己的优点。布艺沙发现代感较强，可以根据不同的季节换上不同的沙发套。相对来说，皮质沙发基本上是一种固定的格调，装饰效果单一一些。"

客户："哦，其实我很喜欢布艺沙发，但是拆洗太麻烦了。"

如果你是这位销售人员，此时会怎么做？

□ 直接反驳说："不麻烦。"

□ 转而介绍其他产品。

在遇到类似的情况时，大多数的销售人员都会采取上面两种方式的一种，但这两种方式都不是最好的应对方式。第一种方式直接反驳客户，容易引起不快，甚至会让客户放弃购买。第二种方式虽然可以化解客户的异议，但在客户心里可能会产生不好的印象。

在销售过程中，很多客户都会因为一些原因拒绝购买某种产品。这就是怕麻烦的购买心理。心理学家的研究表明：追求高效、快捷、方便是人的本能心理，每个人都存在着"图省事、怕麻烦"的心理，都希望产品使用程序简单，既不费时，又不费力。所以，客户购买一种产品或服务，也希望能够快速、方便的办理相关手续、使用或者维修等。这个时候，销售人员应予以理解，因为这是事实。但也不能因为这样就放弃，应该在认同的基础上，加以引导，转变客户的想法。

一般来讲，具有求便心理的客户可能具有以下特征：

1. 有着很强的时间和效率观念。

2. 对产品本身通常不会太挑剔。

3. 希望一劳永逸。

4. 希望销售人员给予其他补偿。

不论如何，面对这样的客户，销售人员应根据客户的说话语气、身体体语言等判断客户的真实心理，然后采取适当的策略。在实际销售沟通中，可以这样回复：

话术1

"是的，布艺沙发拆洗是有点麻烦，但这种布艺沙发更多的是考虑其经济性，又非常舒适，我想您也不愿意将钱浪费在您不太舒适的其他沙发上吧。"

【点评】

首先认同客户的观点，然后将客户的思考焦点转移到产品的经济性、舒适性方面，让客户意识到虽然麻烦点，但是很值得。

话术2

"的确，对于大多数布艺沙发来说，拆洗是有点麻烦。也正是因为考虑到这点，我们公司所有的沙发面料都经过了防尘处理，无需经常洗，一般半年洗一次、一年洗两次就行。更重要的是我们公司每年提供两次免费拆装，只要您拆不下来或装不上去，就可以给我们打电话，我们就会派人去帮您拆装，如果面料缩水变形套不上去，公司会负责，说句最到家的话，不是您买了沙发后就不管您了，我们每年还要见两次面呢，我们敢见面是因为大家对我们的产品质量有信心。每年两次的免费拆装行为，看起来是很小的一件事情，但我们已经做了很多年了。从这一点上就可以看出我们是一家很重视承诺的公司。"

【点评】

这样的回答同样是先认同客户的异议。随后从该异议出发，告诉客户自己的公司已经考虑周到了，并做出了实际补偿行动，如做防尘处理，提供一年两次的免费拆装服务，这样的服务一般都能打动客户。

总之，当客户因为产品某方面太麻烦为借口拒绝时，销售人员可结合所推销产品的独特优势以及客户的真实心理，做出有效的回复。如从可以为客户节省金钱、给予优惠、提供增值售后服务等方便入手，让客户从怕麻烦转变到愿意接受。

情景四

"免费就要，否则免谈"
——深度挖掘，让客户意识到购买产品的好处

【情景设置】

某软件公司新开发出一种管理软件，销售员岳敏去拜访一位客户，下面是岳敏与客户的对话：

岳敏："韩总，您好。非常感谢您能在百忙之中见我一面。"

客户："有什么事，你就直说吧。"（客户没有多余的话语，直接奔向主题，岳敏明白客户是一位雷厉风行的人）

岳敏："那我就直说了，我今天来主要是想向您介绍一款管理软件，可以帮助贵公司实现实时对话与管理，工作更快捷、方便。"

客户："管理软件？你说说看。"

岳敏："这款软件（阐述产品的一些作用）……"

客户："确实不错，不过，如果免费的话我们就要，否则免谈。"

如果你是岳敏，此时该如何应对呢？

☐ 直接反应："您在开玩笑吧？"

☐ 直接应答："不是免费的，我们也要赚钱啊。"

☐ 退让，说："不能免费，但可以给您打折。"

在遇到类似的情况时，大多数的销售人员都会采取上面三种方式的一种，但这三种方式都是错误的应对方式。第一种回答方式，欠考虑，而且会让对方感觉销售人员太过"轻浮"，难以信任，那么接下来的交谈更是难上加难。第二种方式和第三种方式都犯了原则性错误，因为站在客户的角度考虑，销售人员赚不赚钱与他没有任何关系，客户只考虑自己的利益。另外，打折购买也不是客户想要的，因为客户现在对销售人员的产品没有一点兴趣。换句话说，这两种回答偏离了客户需求，客户觉得这种产品自己根本用不到，就算销售人员再怎么说，也打动不了客户。出现这种情况，一般是因为一些销售人员在与客户沟通时，一心只考虑如何将产品卖给对方，让自己赚钱，却没有弄明白客户的真实需求。因此，客户以这种近乎玩笑的理由拒绝销售人员就不足为奇了。

仔细想想，客户以"免费使用可以，购买免谈"来搪塞的时候，说明销售人员在介绍产品时犯了以下一种或几种错误：

1. 没有挖掘客户的需求。
2. 开场白没有激发出客户的好奇心。
3. 挖掘到客户一些需求，但深度不够，没有找到关键点。
4. 虽然挖掘出了客户需求，但客户不认同。
5. 在挖掘客户需求的过程中，脱离了自己的产品。

以上几种情况，前两种情况最不应该发生，因为向客户推销产品时，这两个步骤必须要有，这对此后的沟通至关重要。第三种和第四种情况，相对来说容易解决一些，只需继续挖掘即可，但要注意控制提问的数量和质量，同时要让客户自己意识到确实有这个需求。第五种情况则是原则性错误，我们一直强调与客户沟通的过程中，不论使用何种技巧和方法都必须与自己的产品结合起来，特别是在探询客户需求的阶段，所有的问题、表达都应该为最后推销产品服务、做铺垫。不管这个圈子兜的有多大，都要引导客户发现所推销的产品能为他带来的好处，让客户意识到自己的需求，或者可能带来的危险，如此一来，才不会出现"掏钱就免谈"的玩笑话。那么，在具体销售过程中，要如何应对呢？下面让我们看一看销售高手的回答：

话术1

"呵呵，韩总。如果现在有人给您一个免费的软件，您敢用吗？这可关系到公司内部信息的机密。如果您把某些数据输入进去，有一天这些数据突然不见了，又没有服务人员为您解决，那亏得绝不只是软件的钱，我相信您肯定不会这样做的。"

【点评】

这样的回答方式采用了假设法，为客户描绘出一个未来可能会发生的坏情况，让客户意识到自己的想法是错误的，进而得到客户的认同。

话术2

"呵呵，韩总，我明白您的意思，能够感觉出来，贵公司目前的管理状态非常好。从这一点可以看出您是一位卓越的管理者。我想请教您在××管理方面（最好是其他企业常见的某个管理难题，而自己的产品又能解决）是怎样做的呢？"

【点评】

这样的回答方式采用了赞美法和请教法。首先用赞美法获得客户的好感，也为下一步的请教点打下基础。随后，围绕产品提出问题，既打开了话题，也可以在客户的回答中抓住问题点，挖掘出客户的需求，进而完成销售。

一位销售专家说过，有一个销售关键是每一个客户都有一个购买关键点，也就是客户会购买产品的主要目的。也许我们所推销的产品的特点有十一项，但只有一项对客户来讲是最重要的，那个最重要的关键点假如没有掌握住，其他的都没什么用。因此，在拜访之初，销售人员必须想办法找出客户的那个关键点，这样才能销售成功。

情景五
"这个问题我们自己可以解决"
——事态严重化，帮助客户认识到产品的价值

【情景设置】

金诺是一家管理顾问公司的业务员，主要负责向客户推广一些终端销售培训课程，下面是金诺与某公司销售经理的对话：

金诺："早上好，李经理。很荣幸再次见到您。"

客户："我们以前见过面？"（客户疑惑地问，显然已经被金诺的话吸引了）

金诺："是啊，前几天在××销售论坛会议上，您在会议上发言，让我受益匪浅。"

客户："原来如此，你是做什么的。"

金诺："李经理，我是××公司的，是专门从事终端销售培训的。我叫金诺，您叫我小金就可以了。今天来，主要是想向您请教几个问题。"

客户："什么问题？"

金诺："李经理，据了解，对于我们这个行业来说，公司的主要利润来源主要依靠专卖店的销售收入，是吧？"

客户："是的。"

金诺："这就意味着专卖店导购员的销售技巧直接关系到公司的整体销售业绩，是吗？"

客户："可以这样说。"

金诺："所以，李经理，我们就需要在导购员销售技巧培训方面多下一些功夫，提升他们的销售技能。因此，我们公司推出了终端销售培训的课程。"

客户："进行培训是必须的，不过我们公司有自己的培训部门，可以自己进行培训。"

如果你是金诺，此时会怎么做？

□ 予以反驳。

□尝试性的询问："如果我们的课程非常有效，您会考虑接受吗？"

在遇到类似的情况时，大多数的销售人员都会采取上面两种方式的一种，但这两种方式显然都是失败的。

第一种方式直接指出客户所持观点的错误，会让客户心生不满。在销售过程中，最忌直截了当的反驳客户的观点，因为它会伤害客户的自尊心，会使客户反感，从而导致沟通失败。

第二种方式，在没有明确客户需求的情况下，只是一味从自己产品的角度去说服客户，显然无法打动对方的心。

很多时候，销售人员在介绍产品时，客户都会以类似"这只是个小问题"、"不着急解决"、"我们可以自己解决"等方式作为搪塞销售人员的借口。此时，销售人员应该感到高兴，因为这就意识着该客户有购买需求，我们要做的就是想办法说服他。这种情况下，销售人员要做的是向客户阐明所销售产品的价值，帮助客户找到问题所在，并将客户所谓的小问题严重化，给对方施加压力，放大客户需求的迫切程度，同时揭示自己提供解决方案或产品的价值或意义。最后，顺理成章的将产品销售出去。

一般来说，客户需求的强弱与其内心的压力有关。压力感越强，他的需求就越强，购买的决心就越大。因此，加重客户的担忧，引导客户意识到"问题无法解决会带来的不良后果"，迫使客户做出购买决定。那么，如何达到这个目的呢？方法有二：

1. 假设法。所谓假设法就是假设一种客户绝对不可以接受的情况出现，其产生的后果非常严重，进而让客户感受到强烈的压力。

2. 牵连法。如果有些问题不好放大，就可以采用牵连的方式，即用A问题引出B问题，B问题又会产生C问题，而恰好C问题是客户无法接受的问题，就会让客户感觉这个问题不容忽视。

其实，以上两种方法的实质都是将问题严重化。销售人员要有意识地围绕自己的产品设计一些问题、话术，逐步探询和引导出客户的需求，而后将其影响性夸大，并用清晰地方式表达出来，进而达到销售目的。在具体工作中，当客户以此类话语拒绝的时候，销售人员可以这样回复：

话术

"是的，我理解。不过，我们很多客户反应，他们自己对下属导购员也做了很多培训，但培训之后，销售业绩几乎没有变化，导购员士气低落。而他们自己也因此受到上级部门的指责，真是满肚子的委屈。我相信您也不希望这种情况出现在自己身上吧？"

【点评】

这样的回答首先运用了认同迎合的技巧，化解了客户的对立情绪。随后，借其他客户之口指出客户自己的解决方式并不能解决问题，甚至会影响到他自己的工作，这种情况是客户最不想看到的。因此，为避免这种情况出现，客户自然就会问如何解决，进而销售产品。

话术2

"是这样啊，如果这些导购员经过内训之后，销售业绩变化不大，甚至连续几个月都无法完成公司下达的销售任务，这会不会影响到您在公司内的威信呢？"

【点评】

这种回复是运用了假设法，暗示客户这个问题并不如表面那么简单，一旦处理不好，就会危及到他在公司的地位。这样的话，参加培训课程就变成很有必要的事情了。

总之，遇到这样的情况，销售人员要沉着冷静，耐心的探寻和引导客户的需求，帮助客户认识到自己的产品能够给他带来的价值，这个价值并不仅仅只解决表面的问题，更能为客户，带来其他方面的价值，如地位的提升、促进公司的发展等，这样的价值是每一位客户都希望得到的。做到了这一点，销售也就成功了。

情景六

"暂时还没想过这方面的事情"

——循循诱导，帮助客户找到需求

【情景设置】

一位汽车客户到4S店做汽车保养，等待过程中，该客户想换一些内部设施，于是负责保养的员工林俊向客户介绍了很多可以置换的产品，同时在与客户沟通的过程中发现该客户经常外出旅游，恰好公司新进一批车载导航仪，于是向客户推荐：

林俊："朱先生，您经常外出旅游，是吗？"

客户："是啊，只要有空，我就会约朋友一起出去玩一玩。"

林俊："真是太羡慕你们了。不过如果经常跑长途的话，更要好好做保养，多进行安全检查。"

客户："是啊，什么时候也是安全最重要。"

林俊："很多客户都跟您一样很喜欢出游，他们说每次出去最麻烦的就是不知道准确路线。"

客户："对，每次出去的时候，经常走错路。"

林俊："那个时候该多着急啊。朱先生，那您为什么不安装一个车载导航仪呢？既方便又省事。"

客户："我知道，不过我现在还没想过这方面的事情。"

如果你是林俊，此时会怎么做？

□ 停止介绍，做其他的事。

□ 直接推荐："哦，那您现在考虑一下，您看看这款……"

在遇到类似的情况时，大多数的销售人员都会采取上面两种方式中的一种。很显然，第一种方式最失败，在这种情况下，销售人员完全可以继续探询客户的需求，然后完成推销，此时放弃，太可惜了。第二种方式太直接，会让客户感觉销售人员的目的就是为了推销产品，感觉非常不舒服，甚至会破坏之前好不容易建立起来的信任感。其实，当客户以"暂时还没想过这方面的事情"等借口拒绝的时候，也意味着销售人员还没有挖掘出客户的需求，还没有引起客户的好奇心。在这种情况下，销售人员要做的就是继续挖掘客户需求，循循诱导，让客户意识到自己的需求，进而决定购买。而在探询客户需求的问题上，很多销售人员都钟情于使用开放式问题。认为开放式问题能够有效的让客户参与进来，而且能够得到更多的信息。而封闭式问题只能得到"是"或"否"两种答案。实际上，这种观点是片面的。这两种提问方式各有各的优点，应根据实际情况，相互结合正确运用。

开放式问题和封闭式问题的具体特点如下：

1. 开放式问题。（1）可以促使客户打开话匣子，说出自己的状况、问题、想法、感受或顾虑等，回答时不受限制，可以让客户自由发挥。（2）适用于对客户还不太了解的情况或者开场白中。（3）常用词汇：什么、哪里、怎样、为什么。

2. 封闭式问题。（1）主要用于与客户建立信任关系，引起客户的好奇心。（2）可以掌握主动，将客户答案限定在一定范围内。（3）常用词汇：能不能、对吗、是不是、会不会、可不可以、多久、多少等。

在介绍产品初期，最关键的一环就是探询客户需求，而探寻客户需求的最有效的方法就是提出高质量的问题。因此，销售人员必须学会提问，而且要学会有效倾听，从中发现客户的真正需求。

在具体沟通中，客户这样的拒绝也可能包含多种原因，比如对导航仪不熟悉，或者认为没有必要等。据此，销售人员可以这样回复：

话术

"没关系，朱先生。不过，您是觉得没有必要安装还是对安装导航仪有什么顾虑呢？"

【点评】

使用封闭式问题，明确客户的需求，进而根据客户的回答，采取正确的沟通策略。

话术2

"这样啊。没关系，朱先生，我只是给您提一个建议。我们很多客户都安装了这款导航仪，据他们反映，安装以后觉得方便了很多，道路收录很详细，很准确，能够很轻松准确的达到目的地。"

【点评】

这样的回答首先给客户一个台阶下。随后举例说明安装导航仪的好处，利用客户的从众心理，做出购买的决定。

一般来说，如果客户如此拒绝，销售人员就应设法激发客户的好奇心。因为在客户面前晃来晃去的价值就像是诱饵一样使他们想要获得更多的信息。如果客户开口询问，就达到了主要的目的：成功引起客户好奇，使客户主动邀请你进一步讨论他们的需求和你所能提供的解决方案。这种技巧实际上就是利用刺激性的问题提供部分信息让客户看到价值的冰山一角，进而达成交易。

情景七
"我们公司刚刚起步，等以后发展起来再说吧"
——耐心细致，让客户意识到因为小才更需要购买产品

【情景设置】

某软件公司销售人员陈彬主要负责销售一套企业管理软件，下面是陈彬与一位客户的对话：

陈彬："张总，您好。我是××软件公司的陈彬，这是我的名片。"（陈彬礼貌地介绍自己，并双手递上自己的名片）

客户："你好，你寄过来的产品资料我已经看过了。"（客户直接点出主题）

陈彬："是吗？您觉得满意吗？"

客户："功能是很全面，但我们公司刚刚起步，需要管理的东西很少，暂时用不到，等以后发展起来再说吧。"

如果你是陈彬，此时会怎么做？

□ 无奈放弃。

□ 习惯性的附和："是啊，公司大了才需要使用软件"。

在遇到类似的情况时，很多销售人员可能会采取上面两种方式的一种。

然而，这两种方式的结果大多是以失败收场，这不符合我们拜访客户的最终目的。

第一种方式，销售人员没有自信，太轻信客户的说词，常常被客户的几句话就打发走。这样做，虽然保留了双方的面子，似乎也可以下次再来拜访，但这样一来，就等于失去了销售良机，有可能被竞争对手抢走。

第二种方式，大多因为习惯性的思维方式或者习惯，这样回答过于直接，会让客户感觉销售人员看不起自己。有些话，客户自己可以说，但销售人员不能说，否则就可能引起不快。一旦客户感到受侮辱，就很难再将气氛调整过来，自然推销也就失败了。

一般来讲，客户想购买某种产品是因为他们有这个需求，或者认为自己的现状与自己的理想状态有差距，为了弥补或缩小这个差距，他们产生了购买需求。这个差距的大小就决定了客户购买欲望的强弱。问题是，很多时候，客户自己并没有意识到这个差距，如果销售人员仅仅通过客户的几句话就断定他是否有需求，那么通常会无功而返。所以，在销售过程中，有这样一个通用的原则："在完全、清楚地识别及证实客户的明确需求之前，请不要推荐你的产品！"这句话其实包含了四个方面的内容：

1. 完全。在介绍产品之前，销售人员要对客户的需求有个全面的理解，客户都有些哪些需求？对客户而言，最重要的是什么？

2. 清楚。要探明客户具有这个需求的原因，也就是其需求背后的需求。只有找到这个需求产生的原因，销售人员才能加以引导驱动客户下定决心购买。

3. 证实。证实自己所理解的客户的需求是否正确。也就是说，这个需求要得到客户的认可，而不是销售人员自己的猜测。

4. 明确。即要让客户明确主动表达出来他想要解决所存在的问题的愿望。只有当客户表白了明确需求，销售人员才能推荐给他最合适的产品。

事实上，任何客户的需求都分为潜在需求和明确需求。潜在需求是客户面临的一些困难、问题或者不满等，如客户说我们公司管理有些混乱，这就是现在所面临的一个问题，可能成为将来的需求。明确需求是客户明确表达出想解决当前问题的一种主观愿望，如客户说："我觉得公司管理有些混乱，必须采取措施改变这个现状。"这时，客户已表白了一种明确的需求。

一般来讲，潜在需求可能会成为销售人员的一个销售机会，而明确需求对于客户做出购买决策起到关键作用。因此，在销售过程中，如何引导和激发客户，让其潜在需求变成明确需求就成为销售人员要解决的重点。那么，在实际工作中，当客户以"公司刚刚起步，等以后发展起来再说吧"等类似借口拒绝的时候，销售人员可以这样回复：

话术

"张总，我很理解您的想法。但恕我直言，正因为公司小，才需要用软件来提高公司的信息化水平。假设贵公司要做大单子，与大企业合作，大企业通常会衡量一个公司的信息化管理水平。况且，采用信息化管理，能让您有更多的精力放在公司的发展和经营战略决策上，这样才能增多发展机会，增强企业竞争力。"

【点评】

这样的回答一方面先用认同法创建良好的气氛，另一方面采用直接反驳及假设法说明采用信息化管理为客户带来的价值，如增加与大公司合作的机会，增强企业竞争力等，如此一来，就可能打动客户。

话术2

"哦，张总，您公司刚刚成立，那事情肯定很多，也真是不容易啊！您又是公司负责人，肯定要全面规划公司整体运营和发展方向，这些都是影响到公司生存和发展的重要事情。我相信，作为公司的老总，您肯定希望公司能够快速发展。所以，只有在销售、生产、财务等方面实现快速、清晰、准确的一体化管理，才能使部门信息沟通顺畅，才能促使企业快速发展壮大，您说对吧？"

【点评】

这样的回答与上面的话术类似，只不过这里首先抬高了客户在公司的地位，同时用肯定的语气说出一个让客户认同的观点，然后说出一个可以解决这种状况的方案，使客户意识到问题的确需要解决，进而能够继续沟通下去。

其实，当客户在做有关公司利益的任何选择与决定的时候，都会考虑到成本的投资预算、回报点和回报的周期，也就是客户所投资的项目的利润方向是什么？回报怎么来？如何去控制管理等，他们都会用"投资、操作、回报、风险"来权衡每一笔费用的利弊，再权衡利弊的大小比率，并依此做比较来帮他们做出有利的选择与决定。所以，销售人员必须要先让客户从侧面去认识和接受软件管理。

话术3

"张总，您有这种想法是很正常的。换成是我，肯定也希望自己的投入能立刻转化为收益。我们真是考虑到客户的这种顾虑，才研发了这套企业信息管理系统。张总，我能够请教您几个问题吗？（围绕产品优势设计问题引导客户明确自己的需求）"

【点评】

该话术在使用认同法的同时，提出一个观点和解决方案，让客户明白自己是从他的角度考虑问题的，随后使用请教法继续话题，进一步挖掘客户的潜在需求，并逐步转化为明确需求，进而达到拜访目的。

总之，不论是挖掘客户的潜在需求，还是明确客户的真实需求，销售人员在这个过程中都应耐心、细致，一步一步地慢慢引导。销售人员需注意客户需求往往有两个不同的方向，一个是看到好的机会，需求产生了；一个是实在忍受不了，需求产生了。因此，在探询需求的过程中，应本着这两个原则进行引导。

情景八

"资金紧张，负担不起"

——不急不恼，用数字罗列的方式表述客户将获得的利益

【情景设置】

某咨询管理公司业务员钟泽通过公司网站资料库得知某客户在网上访问了有关销售技巧的培训课程，并且咨询过相关的课程费用，但此后却没有任何行动。钟泽决定抓住这一客户，于是按照客户注册公司网站时留下的联系方式，约该客户见面，下面是钟泽与客户的一段对话：

钟泽："袁先生，您好。我是××的钟泽，昨天我们在电话里联系过。"

客户："你好，我昨天晚上考虑了一下，决定不参加你们的课程。"

钟泽："没关系，袁先生。不过，您一直很关注我们这次推出的课程，而且您也觉得这个课程很适合自己，但为什么做了这样的决定呢？"

客户："其实我很想参加这个课程，但是资金紧张，负担不起。"

如果你是钟泽，此时会怎么做？

□ 认为不可能成交，干脆放弃。

□ 继续游说，说用不了多少钱。

在遇到类似的情况时，很多销售人员可能会采取上面两种方式的一种。

第一种方式是很多销售人员会做出的反应，但这种做法有时候会让你失去一个很好的销售机会。当然，如果销售人员判断客户真的资金紧张，就要适时放弃，但要注重礼节，毕竟"买卖不成仁义在"，客户此时没钱不代表以后没钱，你的尊重、热情会给客户留下良好印象，等客户发达了或许会主动联系你。如果不是资金紧张，就要继续沟通，着重向其介绍产品的特性和质优价廉，让客户所谓的"没钱"成为购买的理由。

第二种方式是不太妥当的。因为在客户眼里，或许仅仅是10元钱，他也会觉得很贵。而且，这种游说有时候会被对方误解，让对方感觉难堪、愤怒。所以，不可取。的确，在销售中，遭受"没钱"的拒绝让人很头疼，但销售人员要意识到客户这样拒绝，更多的时候只是一种借口。如果客户对产品的需求是强烈和必需的，由此产生一种"紧迫"的需求，没钱的借口就不攻自破了。因此，销售人员不必因为客户提出"没钱"的异议就放弃这次推销。如果出现了这种情况，只能说明销售人员对客户的需求启发引导不够，对产品给客户带来的利益没有阐述清楚。对于这类拒绝，销售人员在介绍产品和服务的时候，应注意一定的技巧，要学会从以下几个方面入手加以介绍：

1. 帮助客户赚钱。假如所推销的产品或服务能帮助客户赚钱，当客户真正了解后，就会购买它。所以，要让客户明白所推销的产品或服务能帮助他赚钱。

2. 帮助客户省钱。除了帮助客户赚钱之外，能够帮助客省钱也是一个非常有吸引力的优势。

3. 省时方便。能够帮助客户节约时间，或者提高工作效率，让其工作生活等更方便，客户也会动心。

4. 满意。提供的产品或服务要让客户感觉满意，即能给他带来更大的收益或者带来快乐的情绪，满足安全需求等。

在介绍产品的过程中，销售人员要尽量向客户传达这样的信息，如此才能让客户愿意购买。那么，在实际销售中，当客户以"资金紧张"等借口拒绝的时候，销售人员可以这样说：

话术1

"所以，您更需要参加这个培训课程，在最短的时间内，更快更好的提高自己的销售技巧，这样才能取得更大的销售业绩，业绩提高了，还担心没有钱吗？"

【点评】

这样的回答是采用直接法，将计就计地利用对方的拒绝去说服对方。即将客户的反对意见直接转换成其必须购买的理由，同时让对方明白购买这个产品能够帮助他赚钱。这样的理由，有谁还会拒绝呢？

话术2

"袁先生，我想帮您算一笔帐，假设您参加这个课程之后销售业绩提升了10%，那么您一个月就能多拿到2000多元的销售提成，一年就是2万多元，而这次培训课程收费还不到2000元，还是物超所值的。"

【点评】

这样回答是利用了数字罗列的形式将客户购买产品后能得到的利益清晰直观的表述出来，这种一目了然的方式能够轻松化解客户的异议，打动客户的心。

话术3

"袁先生，我们都是做销售的，我就直话直说，你的意思是真的资金有困难，还是有别的想法？"

首先运用同理心，因为工作性质相同，会更容易让对方理解，然后以平等的身份、语气与对方沟通，更容易让对方接受。同时，用二选一式的问题进一步了解客户的真实想法，一次打开话题，才有机会进行进一步的推销。

实际上，任何异议、拒绝的最好解决办法不是出现问题后再解决，而是不给客户拒绝的机会。也就是说，要避免和客户拒绝的借口正面交锋，要在他还没有提出异议之前就预先封住他的嘴，让他找不出拒绝的理由。当然，要做到这一点并不容易，需要销售人员长期不断的训练、实践和提升，当你的经验、实力积累到一定程度的时候，就会轻松的拿下客户。

情景九

"不好意思，我刚买了同类的产品"

——礼貌诚恳，建立良好的沟通与合作机制

【情景设置】

袁哲是某咨询公司管理培训课程推广部专员，主要负责开拓客户。前两天，他成功预约了一位客户。今天要去拜访，袁哲精心装扮一番，紧张而又充满期待的来到客户的公司，下面是他与客户的一段对话：

"王总，很高兴见到您，我就是电话里常与您通话的袁哲，您叫我小袁就可以了。"袁哲礼貌地向客户介绍自己。

客户点点头，说："好的，请坐。"

袁哲调整好坐姿，然后说："王总，我把产品给您带来了。您已经看过我们公司产品的一些资料了吧？您觉得怎么样？"

"还不错。"客户不紧不慢地说道。

"不瞒您说，很多客户都这样认为，说我们的培训课程为他们的公司带来了很好的效益。我相信，我们的课程一定也能够达到您的要求。"袁哲没有在意客户的态度，依然热情地说。

"我知道，你们公司很不错。但不久前，我们已经进行了相关课程培训，所以现在还不需要。真的很抱歉，有需要我们再合作。"说完，客户站起来欲离去。

如果你是袁哲，这个时候会怎么做？

☐ 顺从对方的意思，放弃推销。

☐ 表示不相信客户的话，说："这不可能吧，您已经做过了？"

在遇到类似的情况时，大多数的销售人员都会采取上面两种方式的一种，但这两种方法都有不妥之处。

第一种方式是一种过早的放弃行为。销售人员认为不是自己的产品不好，也不是介绍的不好，而是因为客户已经做了类似的培训，所以不需要了。然而，有需要是什么时候？客户真的已经买过同样的产品，做过同样的培训了吗？这一点，销售人员并没有加以确认。因此，这样做推销，成功的几率太低了。

第二种方式，直接将心中的质疑表达出来。这种表达会让客户感觉受辱，不被信任，更不会留下来听你说了。其实，客户答应与你见面，说明对方有购买产品的意向。但这只是成功迈出了销售的第一步。而在初次会面的时候，客户对销售人员还存有一定的戒心。因此，我们必须做好准备，如果不能成功销售出产品，礼貌诚恳的营造一个好的沟通氛围，给客户留下一个好的印象也是很有必要的。

我们知道，销售中有一个30秒原理。即在拜访客户的前30秒，你给客户留下的印象会影响接下来的沟通。因此，销售人员必须注意要在前30秒给客户一个好印象，这包括以下几个方面。

1. 着装打扮要得体、大方、整洁。

2. 不管是立、坐，还是行，都要表现出良好的职业素质。

3. 充分展示良好的精神面貌，充满自信、热情；面对客户不卑不亢；语言表达简明扼要，不乱用词语；客户讲话时，不随便打断；不追问不必知道或客户不想回答的事情。

4. 保持微笑。

另外，要学会观察，找一些共同话题以促进双方的感情交流，但如果花太多的时间用来聊天而不是销售，无异是本末倒置。

实际上，人们对上门推销、陌生拜访似乎总有一种躲避心理，那么，怎么才能扭转这种状况呢？有一种有效的拉近你与客户心理距离的方法，就是人际销售。你可以通过一个在你和准客户之间都熟悉的人作为桥梁，将本来应该一次性完成的陌生拜访，分解成两个步骤。也就是首先由自己和客户之间的中间人出面，向准客户的亲朋好友、同事或客户本人作推荐，如果准客户有一定的意向，再由中间人引荐。

从心理学角度来说，赞美客户也是一种有效的沟通技巧，能够有效地缩短销售人员和客户之间的心理距离。不过，赞美客户应该遵守一定的原则，必须以拉近客户关系为出发点。那么，在实际工作中，销售人员要如何应对客户这一表示拒绝的话语呢？销售高手一般会这样说：

话术

"一看您就是一位凡事都认真对待的人，我做事就特别莽撞，做了很多尴尬事。"

【点评】

从客户的优点入手，通过赞美进行过渡，营造对客户的关注以弱化推销意愿。打开话题，不知不觉间拉近与客户的关系，也意味着打开了一个继续沟通的机会。

话术2

"之前刚做过了，那太好了。您愿意组织公司员工进行培训说明您很注重公司员工的成长，也说明您对我们的课程有很大的需求，对我们的服务很满意，谢谢您这么信任我们。"

【点评】

首先表示对客户的极大信任，然后巧妙地将赞美融于话术中，并真诚的感谢客户的信任和支持。这样回复会让客户觉得销售人员善解人意，有感恩之心，任谁都不会断然拒绝的。

话术3

"太好了。王总，我有一个问题想请教您，贵公司做过这个培训之后，您觉得哪个方面效果最好，这样的培训有什么不足的地方吗？"

【点评】

这样的回复首先表示出了对客户的尊重，让客户很受用。然后，利用请教法提出与产品有关的问题，引导客户说出自己的需求。沟通气氛自然就会有所回升。然后，可以在随后的沟通中告诉客户每一个培训课程都有自己的强项和弱项，单靠使用某一种产品很难达到全面的效果。

总之，应对客户这类话语的方法很多，这就需要销售人员要努力建立一个良好的沟通和合作机制，发挥自己的聪明才智，想办法与客户营造共同话题，从客户的话语中找到突破点，用自己的热情、诚恳打动客户。

情景十

"听朋友说，效果不太好"

——以话引话，找准机会改变客户看法

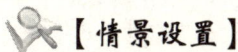

【情景设置】

慧云是某知名化妆品公司直销员，主要负责推销各种美容化妆品。一天，她按照之前的预约，准时去拜访一位客户，下面是双方的一段对话：

"林小姐，您好，我是昨天给您打电话的慧云。"慧云礼貌地向客户介绍自己。

"你好，很高兴见到你。"客户是一位很有气质的女士。

"林小姐，您家可真漂亮。"慧云打量着客户的房间，由衷地说道。

"谢谢，你请坐。"客户笑着让座。

"谢谢，林小姐，那我现在就向您介绍一下我们的这套产品……"慧云拿出产品资料，开始介绍。

客户一直在听，但没有什么反应。"林小姐，要不您先试试"慧云拿出一款试用品说道。

"这个产品真有这么神奇吗？"客户一边问，一边使用产品。

"当然，您看，用后是不是觉得很滑嫩。"慧云笑着说。

"还不错。但我有朋友用过，她说，效果不太好。"

如果你是慧云，现在该如何回复呢？

☐ 心里打退堂鼓，想放弃。认为客户肯定相信她的朋友，不相信我。

☐ 强硬的反驳客户的观点。

在遇到类似的情况时，很多的销售人员都会做出以上两种反应的一种，但这两种方式都不可取。

第一种方式，其实就是销售人员自己心里没底，对自己的产品没有信心。因此，听到这种抱怨的话，销售人员锐气就大大受挫，当场败下阵来。其实不然，客户这样抱怨，源于一种怀疑的保留心理，销售人员应该予以理解。

第二种方式，强硬的反驳客户更不可取。客户会觉得销售人员没有礼貌，冒犯了自己，会让客户心生厌烦，进而结束交谈。

在现实工作中，大部分新客户由于对销售人员及其推销的产品了解不够，经常会拒绝、无视销售人员。其实，这是非常正常的现象。销售人员要予以理解。另外，要了解一下其中的内情。一般情况下，客户告诉销售人员"产品没有效果"，可能包含多方面的含义：

1. 自己将信将疑，想得到认同。

2. 客户有需求，也给了销售人员机会，但产品与对方的期望有差距。

3. 彻底否定了销售人员的产品，就是不购买。

如果是前两种含义，销售人员还有继续沟通的机会，只要不放弃，总能找到办法。如果是第三种含义，则需要销售人员做好心理准备，这次不成功，下次再来好了。不管怎么样，销售人员都要想方设法保住客户，或者击破客户的保留心理。这种情况下，销售人员要对客户的保留心理做出反应，而且这样的反应不致于引起争吵。一种反应方式是将客户的表述转化成一个问题，如："您愿意告诉我有关她的一些情况吗？""为什么会这样呢？""她什么时候使用的呢？""她感觉哪方面效果不太好？"问出这类问题后，销售人员就要认真倾听客户的话，让他们的保留心理得到释放，但不要打断客户回答问题。然后，再针对客户说出的问题寻求解决问题的途径。其实，这就是一种以话引话的策略。客户对此问题的回答可能揭示了客户的误解或一个观点，而对这一误解，销售人员很容易就可以消除掉。

当客户以"朋友说，效果不太好"的话作为拒绝理由时，销售人员到底要如何应付呢？我们看一看销售高手的妙招。

话术1

"是吗？为什么呢？可以说说您的朋友觉得哪方面效果不好吗？"

〔点评〕

先顺着客户的说法说：然后，问对方为什么觉得没效果，是不是没有达到预期或是其他方面的要求，让客户自己把需求说出来；最后，根据客户的回答消除客户的误解。销售人员应试图通过站在客户一边来缓解客户的保留心理。销售人员应当意识到客户的抵制态度是真诚的，而我们也应当尊重客户的观点。

话术2

"林小姐，您也知道，每个人的肤质都不一样。您的朋友用了没有效果，说不定您的朋友不适合这款产品，而您刚好适用。您现在的皮肤有点油腻，而且毛孔有些粗大，而这款产品恰好在去油、收缩毛孔方面有显著的作用。您就放心好了，我保证您用了之后，肤质一定会得到改善。"

〔点评〕

先向客户做出一个令人信服的解释，然后迅速将话题转移到对自己有利的地方上来，即从客户的具体情况出发，结合自己所销售的产品的功能，重新给客户证明这款产品是很适合她的，进而消除客户的疑虑。

其实，客户身边有人告诉他这款产品不好，是非常糟糕的一种销售情景，此时，正确的做法是坦率地承认这一点（前提是如果销售的产品确实有不完美的地方），同时将不满意的理由尽量推到其他方面，而不是让客户对产品本身产生怀疑。

情景十一
"我不喜欢跟陌生人交谈"
——调整自我，用真诚与诚意打开客户的心

【情景设置】

小夏是某礼品公司的直销员，一天，他随机去拜访一位客户，下面是他与客户的一段对话：

小夏："您好，小姐，打扰您一下。"

客户："你好，有什么事吗？"

小夏："我是××礼品公司销售员小夏。"

客户："是做推销的啊？对不起，请你离开，我不喜欢与陌生人交谈。"

如果你是小夏，现在该如何做？

□ 放弃推销。

□ 硬着头皮给客户进行推销，希望客户能回心转意。

以上两种无疑都不是最佳的表现。优秀的销售人员肯定不会因此丧失信心，就此沉闷下去。也不会抱怨客户架子太高，与客户赌气。

陌生拜访对于许多销售人员来说，都是一个棘手的障碍，因为这种拜访形式的拒绝率较高，有时销售人员甚至还没有开始介绍产品，就遭到客户拒绝，销售也不得不终止。很多销售人员面对这种情况都非常困惑，仿佛一切无从着手，但作为一名合格的销售人员，又必须得逾越它。所以，这种情况下，销售人员就要调整好自己的心态，让自己努力从这种消极的心态中解脱出来。

销售的成功在于缩短和客户的距离，通过建立良好的关系，消除客户的疑虑。如果不能与客户主动沟通，势必丧失成功销售的机会。因此，销售人员要增强自信，自我激励。要有这样的心态：销售的目的是为了自我价值的实现，基础是满足客户需要、为客户带来利益和价值。也就是说，销售人员在销售过程中至少要有这样的积极心态：

1. 勇敢、稳定、平和，切忌紧张。

2. 始终保持积极和热忱。

3. 面对客户不卑不亢，自信，声音洪亮。

4. 认定对方就是自己的客户。

5. 随时做好被拒绝的心理准备。

6. 尊重客户，用真诚与诚意打动客户。

事实上，做陌生拜访，最重要的是销售人员对客户要表现出自己的真诚实

意，这包括：说话庄重而不轻浮，认真负责而不花言巧语或信口开河。另外，语速要尽量慢一些，给客户留下诚实的印象。谈话时，要直视客户的眼睛，不可左顾右盼，心不在焉。姿势要端正，表现出对对方的尊重。

当客户以"我不喜欢与陌生人交谈"等话语拒绝的时候，销售高手会在最短的时间内调整自我，然后一一化解客户的层层障碍，下面就是一些实例。

话术1

"您放心，我不是骗子，我只是一名为自己所在的公司努力工作的普通的销售人员而已。我的要求并不高，就是希望您可以给我一个说话的机会，几分钟就可以。"

【点评】

诚恳的告诉客户，自己不是坏人，只是一名努力工作的销售人员，没有骗人之心。然后，再真心的请求对方给自己一个说话的机会。这样诚恳的请求，相信很多人都会不忍心再拒绝。

销售人员一定要记住善良和诚恳永远是打动人心的最好的武器。

话术2

"您放心，我今天来并不是向您推销产品的，也不是非要让您立即购买，我只是想做一个客户调查……（然后利用引导性问题，让客户愿意和你继续交谈下去）"

【点评】

首先表明自己的态度，不要立即就开始介绍自己的产品。因为任何人对陌生人都会有强烈的怀疑、戒备心理。因此，销售人员要首先消除客户的戒备心理，从其他方面入手，先与客户交谈、寒暄，打开与客户的谈话局面，而后再转入与自己的产品相关的问题上。这样，就在不知不觉中慢慢打开了客户的心。

总之，这样拒绝销售人员的客户警惕心很重，因为人最不喜欢被陌生人打搅，更不容易接受陌生人的产品。因此，销售人员不能强行向客户推销产品，更不能过度急躁。只要你拿出自己的真诚和诚意，客户一定会感觉到，进而接受你。

情景十二
"我从来不买上门推销的东西"

——自信为王，用事实打动客户

【情景设置】

崔浩是一家箱包生产公司的推销员，一天，他去拜访一位客户，这位客户是一家规模不算太大的经销商，下面是双方的一段对话：

崔浩："李先生，您好。我是××公司的销售员崔浩。这是我的名片，请多指教。"

"哦，你今天来这里有什么事吗？"客户接过名片，然后问道。

"我今天是来给您介绍几款我们公司新生产的箱包啊。"崔浩热情地说。

"原来是这样，但我从来不买上门推销的东西。"客户不冷不热地说。

如果你是崔浩，此时该如何做？

☐ 接受现实，放弃推销。

☐ 反唇相讥，然后怒气冲冲的离开。

以上两种表现肯定都是不可取得。销售人员去拜访客户都有一定的目的性，以上两种做法都无益于我们的销售工作。

由于很多客户对销售人员，特别是对上门推销的销售人员有很多的误解。因此，销售人员在上门拜访客户时都不同程度地遭到过客户的白眼、冷遇、闭门羹，态度恶劣的客户甚至直接将销售人员扫地出门。遇到这种情况，销售人员应如何面对？首先要心存感激，多进行换位思考，站在客户的立场上，以感恩的心去帮助客户分析问题和解决问题。其实，说"从来不买上门推销的东西"的客户对上门推销持有明显的偏见，他们这样说可能有很多原因：

1. 对销售人员的产品或公司有不良印象。

2. 对上门推销的销售人员不满、不信任。

3. 有过不愉快的经历。

4. 怕上当受骗。

5. 不想在销售人员身上浪费时间。

可能因为这些原因，客户对上门推销的行为非常反感，不满。对于这类客户，销售人员要想法设法弄清客户背后隐藏的真实原因，然后对症下药。对此，销售人员可以采取以下方法：

话术1

"您肯定是被某些缺乏职业道德的销售人员蒙骗过。其实产品本身不会骗人，我们公司所经营的每一种产品都是经过质量认证的。而且，我们公司的产品品牌在本行业享有很高的声誉，绝对不会骗人的。"

【点评】

打破客户害怕被骗的心理，然后用一些具有权威性的认证证明自己，最好能够将相关资料向客户出示一下。当然，前提是所在公司已经做了很强的广告宣传，有一定的知名度，是销售人员的后盾。

话术2

"实在对不起，我虽然不知道您为什么这样说？但我想在离开之前知道到底是为什么，也许我可以解决您的烦恼呢！"

【点评】

用引导性的话语让客户说出自己为什么这样做。然后，站在客户的角度去分析问题，进而改变客户的偏见。其实，销售人员要明白，曾经被某些销售人员伤害过的客户会把以前的愤怒发泄到你的身上。销售人员或许觉得很冤枉，但无论是否是你的错，你首先都必须降低自己的姿态，向客户道歉，稳住其情绪。

话术3

"您的店面布置的真漂亮，难怪您的生意这么好。我想问一下，李先生，您的店的主要客户群是哪些人？"

【点评】

赞美客户，无形间拉近与客户的关系。然后，从专业的角度为客户提供一些好的建议，这样一来，就会慢慢化解掉客户的戒心。然后再伺机将话题转移到所销售的产品上来。

总之，当客户这样拒绝销售人员的时候，销售人员决不能灰心、气馁，要根据具体情况，用切合实际的话语，打开阻碍你和客户沟通的大门。

情景十三
"你没看到我正忙着吗"
——以退为进，想办法让客户改变主意

【情景设置】

小黄是一家专门研发生产安全防盗系统软件公司的销售人员，公司新推出一款只需要一人看管的闭路电视监视系统。小黄按照约定，拜访一位客户，下面是双方的一段对话：

"邢总，您好。我是××公司的销售人员小黄。昨天我给您打过电话，约好今天见面。您现在方便吗？"

"不方便。你没看到我正忙着吗？"客户的语气很不好。

如果你是小黄，此时该如何做？

☐ 向客户表达歉意，说等有时间再来拜访，然后乖乖地离开。

☐ 反唇相讥，然后怒气冲冲地离开。

☐ 不顾客户的实际情况，自顾自地介绍自己的产品。

☐ 直接追问客户，什么时候有时间。

很多销售人员都可能做出以上几种反应中的一种，但都不妥。第一种，向客户表达歉意是没错，但不能就此放弃与客户沟通的机会，应该作进一步的努力。第二种，一些销售人员听到客户如此不耐烦的语气后会觉得很委屈，然后冲动的与客户争辩。这样一来，就有可能与客户发生争吵。为了逞一时口舌之快，彻底失去客户，实在不值得。第三种方式，不管客户忙闲，自顾自的强行向客户推销产品，客户只会变得更加恼火，会果断的要求销售人员离开。而第四种方式则是一种不礼貌的表现。这样问，客户就算有时间也会说没时间。

销售人员拜访客户时，常常会碰到这样的情况——对方不耐烦地说："我现在没空，我正忙着呢！你下次再来吧。"对方说这些话时，一般有两种情形：

1. 客户确实正在忙其他工作或接待其他客人。

2. 客户当时没有什么事，只是因为某种原因心情不好而已。

第一种情形之下，销售人员必须耐心等待，主动避开，或找准时机帮对方做点什么。在第二种情况下，销售人员就要想办法稳定客户的情绪，实在不行，最好改日再去拜访了，不要自找没趣。客户这样对待销售人员的态度常常令销售人员的自尊心大受伤害。与其为客户的拒绝而黯然神伤，还不如反省一

下自己在选择约见或者拜访时机方面是否存在问题。

从某种程度上说，无论你在什么时间上门拜访客户，可能都会成为不速之客，因为你的出现往往会令客户具体的时间安排受到或多或少的影响，甚至会扰乱客户紧张繁忙的时间安排。所以，当你去拜访客户，你必须对客户的不欢迎态度和不客气反应给予充分理解，并且要为自己的冒昧打扰表示真诚的歉意。如果发现客户的时间安排确实非常紧张，不妨尽可能少地打扰客户，然后约见更合适的会谈时机。

下面让我们看一下销售高手的方法：

话术1

"真的十分抱歉，打扰您的工作了！那我先把资料留在这里，您有时间看一下，今天下班之前我再来拜访您如何？"

【点评】

这样的回答首先诚恳的向客户表达歉意。然后，顺着客户的意思温和、有礼的与客户商量，确实下次拜访的时间。这样一来，就能给客户留下良好的印象，为下次拜访打下基础。

话术2

"对不起，邢总，我先去外面等一等。"

【点评】

这样的回复能让客户感觉到销售人员很有礼貌，懂得进退。这样既不会打扰客户的工作，也不会被客户断然拒绝。而且，当客户忙完之后，一定会抽出一点时间接见销售人员。

其实，客户的时间安排常常很紧张。因此，最好的办法就是提前预约，如果无法做到这一点，也应该对客户具体的时间安排事先进行相应的调查，以免在客户最繁忙的时候打扰对方。

情景十四
"对不起，我跟人约好了，正准备出去"
——不急不躁，顺着客户的意思进行推销

【情景设置】

于飞是一家室内装修设计公司的市场部专员，主要从事开拓市场、产品销售等方面的工作。一天，于飞预约后去拜访一位客户，他轻轻的敲了敲门，里面传来客户的回应。

客户："请进。"

"王先生，您好。"于飞进门后，礼貌地向客户问好。

"你好，你是？"客户放下手边正在收拾的文件，问道。

"我是××装修设计公司的于飞，昨天跟您通过电话，约好今天见面。"于飞马上向客户介绍自己。

"哦，小于啊。有什么事吗？"客户的态度很好，笑着问于飞。

"呵呵，谢谢您还记得我。我今天来主要是想跟您讨论一下有关室内装修设计方面的问题。"于飞热情地说。

"实在对不起，我跟人约好了，正准备出去。改天再谈，好吧。"客户客气地说。

如果你是于飞，该如何应对呢？

☐ 不知所措，站在那不说话也不离开，被动等待客户的"回心转意"。

☐ 气愤地指责客户。

☐ 向客户告辞，说改天再来。

很多销售人员都可能做出以上几种反应中的一种，但都有不妥之处。第一种方式，销售人员站在原地不动，既不说话，也不离开，这其实是对客户的一种沉默的抗议，会让客户感觉不舒服。而且，如果他拒绝了你，也不要想着客户会主动"回心转意"。第二种方式更不可取，虽然你与客户也有过预约，也不能急于抱怨。站在客户的角度想一想，也许对方和他人的预约更早，或者事情很紧急，需要马上去办。何况，这也是一种不礼貌的行为，这样做只会让客户失去对你的一点愧疚之心。第三种方式，听完客户的话就主动告辞，表面上是尊重客户，为客户着想，但却对不起自己。

一个合格的销售人员必须养成敢于吃闭门羹的气量与风度，不管遭到客户怎样不客气的拒绝，都必须保持彬彬有礼，并把拒绝视为正常，心平气和，不急不燥。这样，才能通过客户的言行举止把握他内心真正的心理。然后，你要冷静地分析客户拒绝的真正理由，找到解决方法。遗憾的是，现实中的很多销售人员遇到这种情况都显得很急躁。其实，此时最需要冷静，控制自己的情绪，不要马上进行解释或者辩解，甚至跟客户发生冲突。此时，可以采用以下方法控制自己的情绪：

1. 深呼吸，尽量心平气和的表达自己的观点。

2. 站在客户的角度想问题，给自己一个安慰。

3. 暗示自己，不要急躁。

其实，客户这样拒绝销售人员的时候，不管动机如何，我们都应该心平气和的接受。但接受不等于放弃，而是想办法让客户给自己几分钟时间。具体要如何做呢？让我们看一下销售高手的方法：

话术 1

"那真是太遗憾了。我也和另一位客户约了时间，恰好同您是顺路，那我们就一起出发吧。您这东西很重吧，我帮您拎着吧！"

【点评】

这样的回复能让客户感觉到销售人员的热心、诚心。而且，与客户一同出发，其实就是间接创造了一个与客户再次沟通的机会，运气好的话，也许还能结识一位新客户（客户的朋友）。

话术 2

"您要出去？又错过请教您的机会了。王先生，那我明天这个时候再来拜访您吧！您路上注意安全。"

【点评】

首先从侧面抬高客户，表达出自己对客户的尊崇之情。然后，顺着客户的意思，预约下次拜访的时间。通常情况下，这样的回复都能得到客户的许可，而且会给客户留下一个好印象。

在拜访客户前，除了要提前与客户约好拜访时间，也要在出发前与客户再次进行确认。尽量避免因为客户不在或有其他的事，让自己白跑一趟。

情景十五
"你先把资料留下吧"
——欲扬先抑，让客户知道实体产品比资料更好

【情景设置】

小周是一家消费品公司负责开拓集团消费业务的一名业务人员，一天，小周去拜访一位客户，经过客户前台的指引，小周来到客户的办公室前，轻敲门，里面传来客户的回应。

客户："请进。"

"佟经理，您好。"小周进门后，礼貌地向客户问好。

客户："你好，你是？"

"我是××的小周。昨天跟您通过电话。这是我的名片，谢谢您能抽出时间让我见到您！"小周介绍完自己，并双手递上自己的名片。

"小周啊，有什么事吗？"客户的态度很好，笑着问小周。

"佟经理，今天我是专门来向您了解你们公司对××产品的一些需求情况的，我们谈的时间大约只需要5分钟，您看可以吗？"小周不卑不亢地说。

"实在对不起，我现在有点忙。这样吧，你先把资料留下吧，我看完了，再跟你联系。"客户客气地说。

如果你是小周，该如何应对呢？

☐ 顺着客户的意思，留下资料告辞。

☐ "不依不饶"的向客户推销自己的产品。

有些销售人员遇到这种情况，常常以上面两种方式中的一种回应客户，但两种方式都不可取。

第一种方式，表面上你尊重了客户的意思，也给客户留下了一个有分寸的印象，但这其实完全是一个无效拜访。

第二种方式，销售人员勇气可嘉，但这样无视客户的意见，自顾自的向客户推销产品，无疑会招致对方的不快，无情的将你"推之门外"。

以没有时间，先索要资料为借口进行推脱是客户的常用方式，这实际上是在拒绝销售人员。这时候，销售人员必须设法扭转局面。销售人员可以这样回复：

话术1

"谢谢佟经理，资料有宣传资料、方案、成功案例、产品白皮书，实在太多，我一定会给您留下的。可是我希望我们能坐下来简单进行一次交流，大约只占用您5分钟的时间，您还可以全面的了解我们的产品，也许会对您更有用。"

【点评】

这样的回复一方面礼貌的回应了客户的建议，另一方面诚恳的向客户请求只占用5分钟的时间，让客户没办法拒绝。当然，接下来的交谈效果就要看销售人员自己的功力了。

话术2

"非常感谢您能看一下我们的资料。其实，产品资料只是简单、笼统的概括，即使您认真的看过，也比不上对着实物把握产品性能来的好。我今天把我们的产品带过来了，不如您亲自看一下，体验一下。"

【点评】

这样的回复首先感谢客户的关注；同时，诚恳的告诉客户产品资料是一个"死物"，不能真正的让客户体验到产品的功能和用途。因此，建议客户亲自体验一下，刺激其感官，进而达到继续沟通的目的。

"我非常愿意留下我们的产品资料。我更渴望您有需要能够想到我，但遗憾的是，您一定会在我离开1分钟之后就忘掉我，不是吗？我不会怪您，因为所有的错误都是我造成的，但我有最后一个请求，请您答应我。如果我是您的员工，客户像您刚才那样拒绝我，您觉得我怎么办才好。"

【点评】

这样的回复首先答应客户的建议，这是对客户的基本尊重。然后，利用示弱的方法，表示是自己的错误。最后，再用请求的方法，让客户给予自己建议。通常情况下，客户都会心软，进而给你一个沟通的机会。

其实，方法还有很多，比如根据客户所处环境，将自己的产品巧妙地与之相结合，打开话题。总之，销售人员要记住，这种情况下，一定要想办法用产品演示、客户体验等方法告诉客户实体产品比资料更好。让客户见证产品的效果是最有利的说服方式。

情景十六

"我对现状很满意，还不想更换"
——运用比较法，让客户产生不满才能打开销售局面

【情景设置】

吴桐是某生产设备公司的销售人员，主要负责销售一种新型的设备。这天，他去拜访一位客户，下面是双方的一段对话：

"刘总，您好，我是××的吴桐，非常感谢您能抽空见我，这是我的名片。"吴桐进门后，礼貌的向客户问好，介绍自己，并递上自己的名片。

"您好，请坐。"客户示意吴桐坐下。

"谢谢。刘总，今天我来主要是想向您介绍一下我们公司新研制的××设备的一些情况。"吴桐坐下后，向客户说明来意，并递上相关资料。

看到客户接过资料，并开始翻看，吴桐开始介绍自己的产品。简单的介绍之后，客户没有说话，吴桐为了调节气氛，问："刘总，您看这种新型设备是不是特别适合贵公司使用。"

客户合上资料，说："的确不错。不过，很抱歉，我们对现有的设备还比较满意，还不想更换。等我们需要时，再联系好了。"

如果你是吴桐，该如何应对呢？

□ 灰心失望，放弃继续推销的机会，留下相关资料等告辞离开。

很多销售人员在听到客户说不想更换产品时，立刻就打了退堂鼓，放弃了继续推销的机会。实际上，只要你再坚持一下，冷静的分析一下客户的话语，就能重新打开局面。想一想，如果客户没有需求，他不会轻易答应销售人员的预约，也不会认真的翻看你的资料。而客户说对现状比较满意，这就意味着还有不满意的地方，说明客户是有需求的。因此，我们要做的是想办法扭转局面，让客户对自己的现状产生不满意的感觉，而运用比较法就是最好的选择。

首先，销售人员要设法挖掘出以下信息：

1. 客户目前所使用的是哪种型号的产品。

2. 客户对目前所用产品是否真的满意。

3. 客户使用目前所用产品的时间。

挖掘这些信息的过程就是挖掘客户需求的过程。知道了这些信息，销售人员就能更好的引导客户。那么，具体要如何应对呢？让我们借鉴一下销售高手的方法：

话术1

"那真是太好了。刘总，我想请教您，如果是非常满意的话，您觉得还有什么地方需要稍微改进一下吗？"

【点评】

这样的回复，首先是认同客户的观点。随后，利用引导性问题，引导客户说出目前产品存在的缺点，这就找到了客户的需求点，进而让客户自己觉得需要更换产品。当然，挖掘客户的需求并不是一个问题就能够解决的，销售人员至少要问2~3个问题，一步步深入问题的中心，但问题也不宜太多。这类问题有很多，如："如果不能完美解决的话，会发生什么问题？""这些问题会对您的公司产生什么影响？""其他部门有没有因为这个问题与您发生过不快？"

话术2

"是的，我知道贵公司现在所使用的设备很不错，就像××公司(客户的竞争对手公司名称)一样，他们废品率也控制在1%以内。不过，据我所知，他们的废品率实际是0.5%左右，好像比您这边控制的还要好一点，您想知道他们是怎么做到的吗？"

【点评】

这样回复是利用客户的竞争对手刺激客户的需求。因为任何客户都非常关注自己的竞争对手的一些情况，如果销售人员能够向客户提供竞争对手的某方面做得很好的信息，客户一定会感兴趣。

话术3

"如果贵公司突然接到一笔意料之外的订单，并且要求交货期短，生产量又很大，您可以应付吗？"

【点评】

通过假设的方式设定可能出现的一种较坏的情景，而这种情况发生之后以客户现有的资源是无法处理的，会产生严重的后果，然后观察客户的反应，据此慢慢引出自己的产品。

总之，当客户用这类话语拒绝销售人员的时候，销售人员决不能气馁，一定要想办法将客户可能存在的不满挖掘出来，让客户自己说服自己。

情景十七
"这种东西对我们来说根本没用"

——控制情绪，顺势诱导

【情景设置】

小张是某软件公司的市场部人员，主要负责销售企业ERP软件系统。这天，小张按照预约到客户处拜访。寒暄过后，小张向客户说明来意。

小张："石经理，现在很多企业都已经使用了ERP管理软件，这是一种产销存一体的软件……"话未说完，却被客户不耐烦地打断。

"我知道ERP。但我们公司规模很小，这种东西对我们来说根本没用。"客户的语气很不友善。

如果你是小张，该如何应对呢？

□ 急切的对客户说，一定用得到。

□ 面对客户的强硬态度，心生退意或者无奈地放弃推销。

□ 心生怒意，指责客户说话不礼貌。

很多销售人员在听到客户这种不善的拒绝话语时，可能会做出以上几种反应中的一种，但这几种方式都不可取。第一种方式，越是急于辩解、急于推销自己的产品，客户越怀疑、反感。而且，这样直接否定客户的建议，也会让他们感觉不受尊重。第二种方式，客户一推你就退，这样怎能做好销售工作？而且，这样无疑也是对自己的工作的不尊重。第三种方式，与客户针锋相对，势必会与客户不欢而散。

面对客户的这种不友善的拒绝，销售人员要有心理准备，要用包容心理解他们。而且，一定要控制自己的情绪，保持心态的平和。换句话说，就是要"脸皮厚一点"。客户这样拒绝，其潜在的含义可能是——我给了你机会，但是你们的产品不适合我们，或者我们不需要这种产品。事实上，并非如此。他们这样回答是源于对销售人员的一种成见。此时，销售人员要做的就是想办法修改自己的解决方案，或者用产品的独特优势和用途去改变客户的成见。但多数情况下，我们的产品特性是固定的，很难和客户的要求做到一致。怎么办？很简单，那就是循循善诱，改变客户对类似产品的误解，而将自己的产品优势定位到一个重要位置。具体方法如下：

1. 大事化小。将客户的大要求几经分析，让客户发现其实只是小事一桩。

2. 小事化大。将客户看着不起眼的地方（当然要与推销的产品优势相结合）放大其危害，让客户自己说服自己。

很多时候，客户这样拒绝只是一种习惯性反应。也许，他们还没有注意到自己公司存在的问题，但不代表没有；或者他们对产品的要求互相矛盾。销售人员就可以抓住这一点，挖掘出客户的需求。那么，具体工作中，要如何回复客户呢？销售高手一般是这样做的。

话术1

"为什么？石经理可以具体说说您的意思吗？您觉得哪方面对您来说没用？"

【点评】

这样的回复首先认同了客户的观点。注意，这里认同客户的观点，绝不是放弃离开，而是平复客户的情绪。随后，利用引导性问题，引导客户说出自己的要求。只要能打开话题，就能继续沟通下去。

话术2

"石经理，我明白您为什么这样说。从网上随便一搜，就会有很多关于ERP软件的负面报道，这我也承认。但并不是所有的企业都不适合ERP软件，也不是所有ERP软件都一样。我们公司开发的ERP系统是在做了大量调查研究之后针对咱们这一行业的特点量身定做的。您若还是不相信，我现在就帮您做一下产品演示。"

【点评】

对客户的说法表示理解，并作出解释。随后，委婉地表达出自己的观点。同时，突出自己的产品的优势，并辅以产品演示，改变客户的看法。

话术3

"石经理，很多客户在不了解我们的产品之前都与您的想法一样，所以，我很理解您。但是，当他们听了我们的说明，试用了我们的ERP软件之后，才发现原来存在很多隐患。据统计，客户用了这款ERP软件后生产效率提高了20%，实现了零库存。"

【点评】

这样的回复首先表达了对客户的理解，缓解了紧张的气氛。随后，用例证法（很多企业用过）、产品利益法（生产效率提高20%，零库存）激发出客户的兴趣，进而达到继续交流的目的。

总之，对于这种不友善的拒绝，销售人员必须要受得住"委屈"，控制好自己的情绪，站在客户的立场想问题，想办法打消客户的成见。

情景十八
"资料做得这么差，我怎么相信你"
——深表歉意，把客户的注意力从资料转移到产品上

【情景设置】

某公司业务员小赵在一次行业高峰论坛会上结识了一位潜在客户，经过多次电话沟通，小赵终于与客户约定见面。

寒暄过后，小赵开始向客户介绍产品。

小赵："云总，我们公司的这个产品主要采用××材料……"

简单介绍完产品后，小赵发现客户好像没有什么反应。为了打破僵局，小赵问客户："云总，您对这个产品有什么看法？"

客户笑了笑说："听起来不错，能先让我看看相关的产品资料吗？"

"当然，真是对不起，云总，是我的疏忽。这是一些相关资料。"小赵赶忙向客户道歉，并双手递上相关资料。

两分钟后，小赵拿出另一份同样的资料，想向客户解释一下产品的独特之处："云总，你看我们的产品经过18道检验程序，进行二十多项检测试验……"话未说完，被客户打断。

"等等，这就是你们的产品资料。资料做的这么差，我怎么相信你？"客户的语气非常严厉，大有甩开资料一走了之的打算。

如果现你是小赵，该如何做呢？

☐ 忍无可忍，与客户争论，然后气愤地离开，认为客户存心习难自己。

☐ 默默承受，并立即向客户道歉。

很显然，以上两种方式都不可取。第一种方式过于情绪化，这种做法最后只有一种结果，那就是失去客户。其实，销售人员总会碰到各种各样的拒绝，有些客户的确很难缠，很挑剔，但我们必须理解他们。第二种方式有自我贬低的嫌疑。销售人员去拜访客户肯定事先做过很多准备，在产品资料上也不会马虎。因此，销售人员大可不必如此"低声下气"。

在实际销售工作中，为客户展示产品资料是销售人员与客户进行有效沟通的一个重要工具。销售人员一般可根据实际情况设计和制作相关资料。从某种程度上讲，产品资料确实能从侧面反映一个销售人员的职业素质。因此，对于要留给客户的资料，销售人员要注意以下几点：

1. 语言精简、有条理，突出产品优势。
2. 印刷、设计精美。
3. 保持资料的整洁。
4. 最好有自己的特色和风格，能让客户眼前一亮。
5. 资料最好用资料夹夹好，或者做成宣传册的形式。

总之，给客户提供的资料一定要用心准备，而不是敷衍了事。否则，就可能会给客户留下不好的印象。但是，客户说这样的话往往言外之意就是不相信销售人员，不相信销售人员的产品。那么，销售人员就应该想办法将客户的注意力从资料上转移到其他方面。

下面我们看一下销售高手是如何突破客户的这一阻碍的。

话术1

"产品资料做的不符合您的审美观点，这是我们的失误，我向您致歉，同时也非常感谢您对我们产品资料直言不讳的批评。如果接下来您能对我们的产品实话实说，我们将不胜感激。"

【点评】

这样的回复首先向客户表示歉意，满足了客户的批评欲。然后，感谢客户的批评，会让客户因为销售人员的大度感到不好意思，进而获得继续沟通的机会。

话术2

"一看您就是一位性格豪爽的人，我们的产品资料做的不太完美，还请您见谅。下面，为了弥补这一失误，我会向您现场演示我们的产品的一些特有优势。"

【点评】

先用赞美客户的方法稳定客户的情绪。随后，真诚的向客户道歉。最后，提出解决这一事物的方法。这样一定能打动客户。

总之，当客户对产品资料不满意时，销售人员不能直接反驳，要尊重客户的意见，表示歉意。表示歉意时，语气要真诚，要不卑不亢，显示出对产品的自信。这样一来客户就有可能转变看法，选择相信你。当然，表达歉意后，就要立即将话题转移到与产品有关的方面，不要揪着产品资料不放手。

情景十九
"等有需要了，我会联系你的"
——巧妙刺激，让客户意识到现在购买的好处

【情景设置】

庞晴是某公司市场部专员，在一次展会中获得了一位客户的信息，经过多次电话预约，庞晴终于预约成功。这天，庞晴做好准备，去拜访客户，下面双方的一段对话。

"郭总，您好。我是经常给您打电话的庞晴，这是我的名片。非常感谢您能抽空见我。"庞晴礼貌地向客户介绍自己。

客户："你好，请坐吧。"

小赵："谢谢。郭总，前两天我给您寄过来的资料您肯定都看过了吧？您觉得怎么样？"

客户笑了笑说："还不错。我对你们的产品也很满意。但是，我们现在不需要，等有需要了，我再联系你，好吧。"

如果你是庞晴，该如何应对呢？

☐ 顺从客户，主动告辞。

☐ 直接追问客户什么时候会购买。

此时，如果销售人员作出以上两种反应，那么都于销售无益。第一种方式，如此轻易的就放弃，客户倒是很高兴，可你的上司会不高兴。而且，如果销售人员总是这样"好说话"，那还是奉劝你改行，找一个更适合自己的职业。第二种方式，这样直接追问客户，不但显得没有礼貌，而且问的很没有水平。如果对方是一个说话比较尖刻的客户，就会不耐烦的说："不是说了吗，有需要时会联系你的。"这样一来，就无法再继续沟通下去了，只能悻悻而归。

这种情况下，销售人员要学会刺激客户的需求，方法很多。

1. 引导性问题。引导客户说出自己的需求。

2. 好奇心法。激发客户的好奇心。

3. 限购法。

4. 逆向思维法。针对某一问题提出反向意见，激发客户的好奇心。

5. 比喻法。

在实际拜访中，销售人员要根据实际情况，几种方法相互结合使用。不同的客户多试几种方法，总会有一种能打动对方。下面让我们学习一下销售高手的妙招：

话术1

"当然可以。不过，您现在就了解一下也没有什么坏处，是不是？而且，我们这款产品现在正进行新品优惠促销活动，绝对物超所值。郭总，如果您现在购买的话，我会想办法为您办一张我公司的客户金卡……"

【点评】

用这样轻松而又认真的口吻回复客户，能够有效地拉近与客户之间的距离。同时，向客户说出现在购买的好处，巧妙刺激和吸引客户，一般都能成功签下订单。

话术2

"我非常理解您，但有时往往是别人的需要决定我们的选择，就好比您周围的朋友都在使用电子邮箱的时候，而您没有申请使用邮箱，这时，为了与朋友方便联络，您也需要去申请一个邮箱，您说我说得对吗？"

【点评】

用比喻法向客户进行比喻，打动客户的"顽固"想法。记住：销售语言的最高境界就是能用大白话、俗语、生活常识将深奥苦涩的专业术语及数据向客户说清楚。

总之，当客户以此拒绝销售人员的时候，销售人员千万不要丧失信心。只要坚持下去，再运用一些高超的话术，一定可以打动客户的心。

第四章

沟通交流，戒心不减，问题多多

——谁都想买到最好最实惠的产品

在销售公关的过程中，本来前期沟通非常顺利、愉快，突然客户就有了异议或要求，如要求与经理谈、产品不符合要求等，似乎一下就陷入了沟通僵局。很多销售人员遇到这种情况，就找不到其他的方式去继续与客户沟通了。其实，当销售沟通走到这一步的时候，客户的心已经被我们打动了一半，这时他们的任何拒绝都是为了得到最好最实惠的产品。因此，销售人员此时要做的就是用"神奇"的话语和高超的产品介绍话术钩住客户，让客户知道你带给他的就是最好最实惠的产品。

本章导读

情景一

"功能太少了"

——坦率承认，将客户焦点转移到主要利益上

【情景设置】

某商场手机专柜，一位销售人员正向一位客户推销一款手机：

销售人员："您好，您看看需要什么手机？是您自己用还是要送人？"

客户："我自己用，价格差不多的就行。"

销售人员："哦，那您看看这款，颜色、款式都很适合你……"

客户："感觉还可以，能试试吗？"

销售人员："当然可以。"（推开后盖，装卡，装电池后开机，同时向客户介绍一些功能）

客户："其他都还可以，不过功能有点太少了，都没有MP4功能。"

如果你是该手机销售人员，此时会怎么做呢？

☐ 反驳说："除了这个，其他功能都有。"

☐ "这个功能一般都用不到。"

在遇到类似的情况时，某些销售人员可能会采取上面两种方式的一种，这两种回答都可能导致销售失败。客户提出这样的异议就证明他很注重这个功能，而第一种回答显得有些文不对题，理由苍白无力，难以化解客户的疑虑。第二种方式则相当于直接否定了客户的要求，客户本来就是因为没有这个功能而觉得可惜，销售人员说这话无疑是自打嘴巴，让对方感觉是自己无理取闹，然后心生不快，掉头走人。其实，这种情况很常见，很多客户对产品有一定的误解，认为功能越多越好，事实却并非如此。功能少也有功能少的好处，此时，销售人员应该坦率承认，因为这个缺点在客户眼里是真实存在的，而且产品的特征和利益可能无法满足他的需要。所以，处理缺点的基础是使客户从全面的角度看问题，去看待产品给客户带来的利益或者凸显其他方面的优势。俗话说："世界上没有十全十美的东西。"当客户提出的异议正是产品的不足时，销售人员应承认并欣然接受，强行争辩显然是不明智的作法，只会加深客户对你的不信任和反感。一般在处理这个问题的时候，销售人员可以采取以下的步骤：

1. 总体态度：坦率但不草率。

2. 表示了解该缺点。

3. 把焦点转移到总体利益或其他优势方面。

4. 重申之前客户已接受的利益，淡化缺点。

5. 询问是否接受，催单。

这个处理方法的核心就在于建立在"坦率但不草率"的基础上，努力淡化客户的注意力和在意程度。通过发现客户的关键购买因素，突出产品的优点对客户的重要性，消弱这个缺点。

在具体应用中，销售人员可以如此回复：

话术1

"是啊，这款手机相对来说功能不太全面，但您想一想，多一项功能就要多花一笔钱。其实很多人用手机，里面的一半以上的功能从来都没用过，什么MP3、MP4、上网、卫星定位、彩信等，实际上能用几次呢？但是，这些功能的钱还是掏了，多不值啊！"

【点评】

该话术主要从产品的价格优势入手，并委婉的向客户表达了某些功能是根本用不上的。因此，根本没必要为了那些不常用的功能浪费金钱。这样一来，客户可能就不会再纠缠这个问题了。

话术2

"功能多看起来好像很先进，不过在可靠性方面却差一些。况且，功能的多少有时并不重要，关键是不是能在合理的价位上帮你解决实际问题。这款手机通话质量非常好……（最好举例证明）"

【点评】

这样的回答一方面承认了缺点，如向客户说明功能少可靠性更强；另一方面强调了优点，强调产品利益，即重申客户已经认可的一些优势，如价格便宜、通话质量好等，由此有效转移客户的注意力，完成交易。

话术3

"功能是少了点，不过常用功能如××等都非常好用，而且现在这款手机正在大促销，现在买不但直降260元，还免费贴膜，并加送20元的话费充值卡。"

【点评】

这样回答是在坦率承认客户指出的问题确实存在的同时指出客户可以从所推销产品及其购买条件中得到另外的实惠，使客户所提问题造成的损失得到充分补偿。

如果以上方法仍然不能有效淡化这个缺点，销售人员就要改变思路，首先思考这个缺点背后的需要对客户到底有多重要；其次，向客户询问细分该缺点背后的需求，并通过询问去发掘客户更多的需求，然后进一步运用淡化缺点的技巧游说客户购买产品。

情景二
"产品太复杂了"

—— 间接反驳，向客户证明产品的实用性

【情景设置】

某软件销售人员邹凯向一位客户推销一种企业信息管理化软件，前期沟通非常顺利，客户也很有兴趣，但在演示完产品后，客户却提出了异议：

邹凯："马总，您看怎么样？"

客户："我觉得这套系统太复杂了。"

如果你是邹凯，会如何应对呢？

□ 以惊讶的口气说："不是很复杂吧？"

□ 摆道理的语气："什么产品开始使用时都不顺手，习惯了就好了。"

□ "没关系，我们有详细的操作说明书。"

在遇到类似的情况时，大多数的销售人员通常会采取上面三种方式的一种。第一种方式其实是一种避讳质疑的态度，并且以惊讶的语气说出来，会让客户感觉非常不舒服，销售有可能因此而终止。第二种方式则是一种狡辩，如果再用无所谓的态度和语气回复，只会引起客户的反感，即使你说的是正确的，客户也不会认同。第三种方式是销售人员没有充分考虑客户的立场的无心之言，简单以说明书作为托词，给人的感觉是不负责任。

现在很多企业为了满足客户的多样性需求，生产的产品功能越来越多，越来越齐全，相应的操作使用就可能复杂一些。在销售过程中，经常有客户提出这样的异议："操作太复杂了。"。大多情况下，可能是因为客户本身喜欢使用简单实用的产品，或者基于某种原因考虑，提出这样的反对意见。此时，销售人员最好不要直接反驳，而采用间接反驳法。所谓间接反驳法就是在听完客户的异议后，先肯定对方异议的某一方面，再陈述自己的反对意见。这样，客户更容易接受。

使用间接反驳法，主要有以下两种方法：

1. 转化异议。利用客户的异议为说服客户购买的理由。虽然也是反驳，但表达感觉上不容易被客户注意，而且还能直接转入问题，化被动为主动。

2. 肯定形式，否定实质。每个人都渴望被理解和认同，间接反驳客户，可以先从对方的意见中找出彼此同意的内容，予以肯定，产生共鸣。之后，再借势说出不同看法。须注意的是肯定的部分应是次要的部分，否定的才是问题的本质。

使用间接反驳法其实有一种很简单的句式："是的……如果……"即首先用"是的"一类肯定句式认同客户的部分意见，随后用"如果"、"不过"、

"但是"这类关联词引出自己的不同意见，这样更容易达到说服客户的目的。在实际工作中，销售高手会这样化解客户的此类异议：

话术1

"刚接触到这套系统时，操作起来确实需要您费点时间。但考虑到要为客户提供一个更细致、全面的工作助手，我们在旧版本的基础上增加了很多新功能，所以，您才会觉得太复杂了。但当您操作相对熟练之后，就会发现这套系统的功能真是太强大了，考虑的实在太周到了。"

【点评】

在礼貌、诚恳的肯定客户异议的同时，站在客户的角度向客户解释为什么感觉复杂的原因，随后在不知不觉中转移话题，并利用联想利益法描述此系统在日后能给客户带来的好处，进而让客户认同销售人员的观点，促成销售。

话术2

"这是我们公司结合当前新技术和行业的实际需求专门研发的一套功能更强大的管理系统，操作是稍微复杂一点，不过，只要掌握了使用方法，用起来还是很方便，而且效果特别好。"

【点评】

这样回答的关键是销售人员要不露声色地转移话题，尽量做到语气委婉。

话术3

"马总，您说得对，一般客户在看待这个问题时，会有和您相同的看法，我自己也会这样想。但如果仔细想一想，再深入研究一下，您就会发现……"

【点评】

这样一说，会让客户感觉自己的意见得到重视，就容易扭转客户的想法，逐渐让客户同意销售人员的说法。实际上，这种方法也是一种以退为进的策略，能够让客户取得心理平衡，有助于保持良好的销售氛围。

话术4

"马总，您说感觉太复杂了，是担心操作起来麻烦，还是有什么其他顾虑呢？"

【点评】

这样回答是为了进一步弄明白客户提出这样异议的具体原因，然后就可以对症下药，解决客户的疑虑。

有些情况下，客户说产品复杂也可能是认为产品不符合自己的要求或者某

些功能自己用不到等。此时，销售人员要做的是定义产品功能的重要性，表示如果少了这些功能，客户的问题就无法得到彻底的解决。因此，功能完善是必备的条件。所以，产品复杂一点也是可以接受的。

情景三
"我为什么要选择你"

—— 出奇制胜，突出独特优势触动客户

【情景设置】

某著名网络公司的网络推广专员朱琳去拜访一位客户，向其销售搜索推广服务，下面是朱琳与客户的一段对话：

朱琳："杨总，您好。我是××的朱琳，非常感谢您能抽出时间见我一面。"

客户："没什么，你有什么事？"

朱琳："杨总，我今天来是想请教您几个问题？"

客户："什么问题？"

朱琳："杨总，贵公司的产品不仅做内销，也有一部分是出口业务，是吗？"

客户："是的。你问这些干什么？"

朱琳："是这样的，杨总，我们公司主要为客户提供搜索推广服务，就是帮助我们的相关客户寻找和匹配一些客户供求信息，如今已经拥有数万家不同类型企业的资讯和产品信息。所以，我想详细了解一下贵公司的产品销售范围和运营能力，邀请您参加这个服务。"

客户："搜索推广？"

朱琳："是的，这项服务……"

客户："哦，不过现在很多网络公司都在提供这样的服务，我为什么要选择你呢？"

如果你是朱琳，此时会怎么做呢？

☐ 信誓旦旦地说："因为我能提供最好的服务。"

☐ 急切地说："因为我们的服务非常适合您。"

☐ 为自己辩解："这可能是因为您还不了解我们的服务优点。"

在遇到类似的情况时，大多数的销售人员可能会采取上面三种方式的一种。第一种方式和第二种方式，虽然销售人员表现的很有自信，但在客户眼里，这种理由没有任何作用，因为对方可能会立即反驳："别人也能给我提供最好的服务。"如此一来，就会失去主动，变成让客户牵着自己的鼻子走。第三种方式则是销售人员自己的主观臆断，实际上也说明了销售人员的介绍并没有真正打动客户。如果销售人员无法找到客户的需求关键点，即使介绍的产品优点再多，也无济于事。很多销售人员在销售过程中，总是站在自己的角度看问题，只是一味的向客户反复吹嘘自己的产品是怎样的好、自己的服务有多么的棒，却没有想过客户关心的不只是这些。

西方心理学家做过一个实验，把两个性质相同的产品放在一起，90%以上的实验对象都会首先把眼光放到特点鲜明的产品上，特别是已经在消费者心中建立起"与众不同"的诉求表达的产品，其关注率更是高达100%。实验证明：人们总是倾向于具有个性化特点的东西，这便是与众不同受人喜欢的原因所在。这也说明在产品同质化的今天，要想打动客户，就必须学会寻找产品的差异化，做到出奇制胜，即所销售的产品和别人不一样，而客户却恰好认同这个观点与差异点。寻找产品差异化，一般有三种方法：

1. 将产品特性和服务能力全部都展示出来，但这种方式效果有时并不明显，因为有时客户自己看不出有什么独特之处。

2. 全面锁定自己的竞争对手，进而设法让客户相信竞争对手有的，我也有；竞争对手没有的，我也有。最终客户会选择谁，就很明确了。

3. 强调产品的与众不同，而且是和客户的认知与需求直接相关的那些地方。

以上三种方法中，第一种方式最简单，但效果最差。第二种方法难度稍大，对销售人员要求高一些。而第三种方式是最有效但也是最难的方式。这种方法让销售人员彻底离开了自己的产品和服务，转到关注客户需求方面，也就是向客户体现那些能满足客户需求的独有特点。

客户没有销售人员那么熟悉产品，既不熟悉销售人员的产品，也不熟悉销售人员竞争对手的产品。所以，他们的比较方式不是用一种产品和另一种产品比，而是先用一种产品与自己的需求比，再用比较结果去和另一种产品的比较结果相比。简而言之，就是哪种产品满足客户需求的地方多，客户就选择哪种产品。因此，销售人员要做的就是了解客户的需求，让客户明白你的产品能够满足他更多的需求或者能满足他最主要的需求。具体可用以下的话术达到这个目的。

话术

"杨总，您说的没错。很多网络公司都提供这样的服务，但我们公司不仅能提供其他公司能提供的服务，能很好地对应你关心的需求，此外还有很多不一样的地方，例如，我们能为客户提供更多个性化服务，会定期组织各种客户培训会、客户拓展会、大规模的企业家峰会等。像这种类型的活动、会议，只有我们公司这种有实力有规模的企业才有这样的人力和物力来召集……"

【点评】

这种说法是将竞争对手的优势成功嫁接给了自己，让客户明白自己的产品不仅可以满足其关心的需求，还有一些与众不同的地方。这样说完，客户会选择谁，就很清楚了。

"杨总，您的这句话让我想起了我们的上一家客户。在我刚开始推荐和介绍我们的这个服务的时候，他也是半信半疑，觉得没必要非得在我们这做。于是，我给他出了一个主意，就是在我们和另外一家公司同时免费试用一个月，一个月之后再做决定。结果，还不到一个月，他就打电话决定在我们公司做。他说了几个原因：在我们公司的访问量高；在我们组织的一些活动中，他的人脉拓宽了；客户增加数量和质量远远出乎他的预料；销售业绩……其实，不只是他们，还有××等公司都这样。杨总，我相信您也一样会满意我们的产品的。"

【点评】

这种话术的整个基调是以讲故事的形式来突出产品的优势，以及能给客户带来的好处。同时，穿插数字说明、例证比较等方法，进一步增强了说服力，让客户不得不信服。

其实，除了要用产品本身的独特优势外，还应将产品与企业文化、客户服务等方面联系起来。很多时候，企业文化、服务等方面的独特价值和内涵往往更能俘获客户的"芳心"，从而触动客户的购买欲望。

情景四
"不习惯用这种产品"

——习惯效应，利用客户的习惯

【情景设置】

易晨是某缝制设备公司的销售人员，最近公司新研发出一种自动化缝制设备，易晨跟踪拜访了一位客户。第一次拜访时，他确定客户有更换设备的需求，并留下相关产品资料。几天后，易晨再次拜访该客户，下面是双方的一段对话：

易晨："傅总好！上次给您留下的资料您看过了吧，您还满意吗？"

客户："看过了，总体还不错，但有些方面不太满意？"

易晨："您是指哪些方面呢？"

客户："比如××……与我们以前用的设备不一样。恐怕工人用不惯这样的设备。"

如果你是易晨，此时会怎么做呢？

□ 极力劝说："我们的设备对您会有很多的帮助，您不妨试试看。"

□ 恳求的语气："您只要用一次，就会发现该设备的优点。"

□ 无所谓的语气："慢慢不就习惯了嘛。"

在遇到类似的情况时，大多数的销售人员都会采取上面三种方式的一种。第一种方式和第二种方式，实际上都是在做无谓的挣扎，对客户来说，产品的优点或者对自己有什么帮助等，客户自己的心里有数，他们有异议并不是因为产品不能解决自己的需求，而是因为不习惯。而销售人员却误解了客户的意思，一味的推销产品，这样只能增加客户的反感。第三种方式，态度过于傲慢，没有对客户表现出应有的尊重。而且，这样的回答容易让客户误认为销售人员对自己有意见，结果往往是不欢而散。实际上，出现这种情况，源于销售人员犯了一个错误，没有表现出对客户的主观意识和习惯的尊重。也就是说，销售人员忽视了客户对某种产品的习惯问题。

客户在选择一个产品的时候，他本身就带有很多习惯性的力量，这种习惯性力量最终会变成一种反论，阻碍销售的进行。而打击习惯性力量的做法对销售人员来说无疑是一种浪费，最好的做法是围绕这种习惯性的力量让客户自己感受到习惯力量对他的危害，而不直接告诉他需要改变自己的一些习惯。那么，如何利用客户的习惯性力量说服对方呢？一般可以采取以下的方法：

1. 利用过去的事情。过去的事情可以有力地促使客户再次试用久已忘怀的产品。提及熟悉的时代和面孔，能够强烈地引起客户的注意。可以这样说："这与您之前使用的产品是一样的，只不过它已经经过改进，更适应您的需要。"

2. 打破客户习惯。利用一些特殊的时间点打破客户以往的习惯，使你的产品能够进入客户生活，如进入新的工作岗位时、企业改变发展策略时等。

在销售产品的过程中，销售人员尽量不要与客户的习惯对抗，而要巧妙地加以转化或者利用，使之变成促使客户购买的理由。另外，销售过程中，客户的情绪有时也是客户产生异议的一个原因。因此，在洽谈之前，销售人员应先有所了解，如果客户情绪不佳，销售人员须努力控制自己的情绪，尽量避免与客户发生正面冲突。此时，销售人员的说话方式更重要。那么，当客户提出"使用不习惯"的异议时，销售人员可以这样回复：

话术1

"傅总，其实这套设备与贵公司现在使用的设备是类似的，只不过我们进行了一些改进，加入了一些智能化功能，在效率方面比以前更快、所需人力更少。"

【点评】

这样的回答就是利用了客户以往的习惯（购买习惯、使用习惯），让客户明白这个产品同其原有的产品一样，根本无需担心。

话术2

"傅总，您放心。在这方面，我们公司是在经过大型的实际调研之后，根据一线工人的使用习惯等做出的改进，这样的设计更符合工人们的习惯性使用动作，减少事故的发生（最好可以举例或者以故事的形式加以说明）。"

【点评】

这样回答的关键在于语气要诚恳，要郑重其事，这样客户才能相信销售人员的话，进而接受产品。当然，除了采用故事法、举例法之外还可以采用演示法，让客户感同身受。只要客户认同了，就可以进入最后的成交阶段了。

需要注意的是，销售人员要明白一点，客户提出的任何异议肯定有一定的原因或者是有事实根据的。此时，销售人员必须保持平常心，一步一步慢慢化解客户的异议。同时，对于这种习惯型的客户，销售人员还应努力促成公司保持住产品的特性、质量以及良好的服务。当客户将购买你的产品变成一种习惯后，就意味着这个客户已经成为你的永久客户了。

情景五
"听说你们交货不及时"
—— 具体情况具体对待，找出原因对症下药

【情景设置】

某涂料销售公司业务员焦伟去拜访某公司采购部经理，前期沟通很顺利，客户也表示出了需求信息，但在产品交货期问题上出现了异议：

客户："你们公司生产的外墙涂料日晒雨淋后会出现褪色的情况吗？"

销售人员："尤经理，您放心，我们公司的产品质量是一流的，中国平安保险公司给我们担保。另外，您是否注意到××大厦（要有代表性），它采用的就是我们公司的产品，已经过去10年了，还是光彩依旧。"

客户："××大厦啊，我知道。不过，听说你们公司交货不是很及时。如果真是这样的话，我们就不能购买你们公司的产品，它会影响我们的工作。"

如果你是这位销售人员，你会怎么做呢？

☐ 直接否认："不可能，这是没有的事。"

☐ 方寸大乱，不知所措。

☐ 忽视这个异议，介绍其他内容。

在遇到类似的情况时，大多数的销售人员都会采取上面三种方式的一种。第一种方式是销售人员在听到这样的异议时最常见的错误反应，这样的反应反而会加深客户的担心，笃定这种产品有问题，导致销售终止。第二种方式是一些销售新人经常出现的反应，或许因为产品确实存在某方面的问题，恰好又被客户直接点出，销售人员一时不知所措。但这样的反应就等于承认了这个问题，会造成难以挽回的局面。第三种方式，对于某些类型的异议使用这种方法是完全可以的，但对一些特殊类型的异议就没有作用了。其实，在销售过程中，经常遇到有些客户以负面的方式批评销售人员的产品或公司。例如，"听说你们的产品质量不好"，"听说你们产品的售后服务不好"，"听说你们交货不及时"，"听说你们公司信誉不好"，等等。当客户提出类似的批评或意见来打击你时，销售人员可以根据不同的异议类型以及实际情况作出恰当的回复。

一般来讲，在销售过程中，客户提出的异议按照性质来看，分为真实异议和虚假异议。

真实异议是指客户表达目前没有需要或对销售人员的产品或服务以及公司等不满意或抱有偏见。例如，听说你们的服务不好，这就是真实异议。面对客户的真实异议，销售人员必须视状况采取立刻处理或延后处理的策略：

1. 立刻处理的状况。（1）当客户提出的异议是属于他关心的重要事项。（2）销售人员必须处理后才能继续进行销售。（3）销售人员处理好异议后，客户能立刻购买。

2. 延后处理的状况。（1）对于销售人员权限之外或不确定的事情，不能给对方一个满意的答案，这时要承认自己无法立刻回答，但要保证会尽快答复他。（2）客户在还没有完全了解产品或服务的特性及利益前，提出价格问题时，最好延后处理。（3）客户提出的一些异议在后面的销售过程里能够更清楚解决。（4）马上回复对推销工作不利。

对于客户的虚假异议一般有三种情况：第一种情况是客户用借口、敷衍的方式应付销售人员，目的是不想和销售人员会谈，不想真心介入销售活动；第二种情况是客户提出很多异议，但这些异议并不是他们真正在意的地方；第三种情况是客户并不直接提出真正的异议，而是借各种虚假异议得到一个对自己有利的解决环境，例如客户希望降价，但却提出其他如设计、外观等异议，以达成降价的目的。对于这些虚假异议，销售人员也应根据实际情况选择不同的处理方法。需要注意的是，对于客户的真实异议，销售人员必须认真处理。就如本节标题的拒绝，销售人员应及时回复，不能拖延。具体可以这样说：

话术1

"尤经理，我不知道您是从哪儿听来的这些消息，同时我也非常理解您对这件事情的担心，不过……（列举方法或者其他优势解除客户的顾虑）"

【点评】

这种回复是利用同理心原理，先平复客户的情绪，然后再解决客户的拒绝。这属于一种正面处理，能有效消除客户的顾虑。

话术2

"尤经理，这是我们公司的产品说明书、国际质检标准复印件、产品价目表，这些是我们曾经合作过的企业以及他们对我们公司、产品的评价。下面我将给您介绍一下我们的企业以及我们的产品情况……"

【点评】

这种回复实际上是采用了冷处理法，就是回避、忽视问题，将客户的注意力转移到其他问题上来，使销售人员避免在一些无关、无效的异议上浪费时间和精力，也避免发生节外生枝的争论，从而可以节省时间，提高工作效率。这种方法不可滥用，在运用时应注意尊重对方，耐心地聆听，态度要温和谦恭。

话术3

"从这一点证明你对我们公司的产品还是很关心的，这种现象您是听谁说的呢？我们公司已经有二十多年的发展史，在国内占有80%的市场份额，如果管理不好，能有这样的成果吗？您说呢？"

【点评】

对于某些关系到公司名誉、信誉等方面的批评性异议，销售人员应该在尊重客户以及避免争论的前提下，给予反驳，否则就可能对公司造成无法修复的损害。此时，立即纠正客户的不同观点才是正确的做法。对于客户认为服务不好的异议，销售人员可以在承认理解的基础上，加重售后承诺。对于使用后会出现某种故障的异议，销售人员可以先探明出现这个问题的一些情况再回答。

一般来说，客户提出不同的意见后，都希望销售人员能马上给一个满意的答复。因此，果断地处理客户提出的不同意见是销售人员处理此类问题的上策。一般来说，销售人员对客户的大多数异议都要及时回复，这样才能减少客户的对抗心理，形成良好的沟通气氛。当然，及时回复并不代表急忙回答，可以稍停一下，一方面给自己一个考虑时间，以便用最适当的方式回答；另一方面也可以表现出你很重视客户的问题。

情景六
"我要和你们经理直接谈"
——坚持立场，客户其实需要的是质优价廉的产品

【情景设置】

吕萍是某公司销售人员，这是她第二次去拜访一位潜在客户。前一次，吕

123

萍与客户的沟通气氛很好，但由于有些原因，客户并没有购买。这次，吕萍信心满满，心想一定要"拿下"这位客户。

"刘总，好久不见，近来一切都好吧！"因为是第二次拜访，吕萍将客户当成熟人一样打招呼，问好。

"挺好的，你是小吕吧？"客户笑着说。

吕萍："我是，刘总，您还记得我，真是太好了。"

客户："呵呵，今天来有什么事吗？"

吕萍："刘总，今天我来主要是想与您谈一下我们双方合作的问题，您看……"

客户："小吕啊，我对你们的产品很满意。但这么大的合作项目，我要和你们经理直接谈，你明天让你们经理过来吧。"

如果你是吕萍，该如何应对呢？

☐ 按照客户的意思，打电话向经理请示。

☐ 感到很委屈，认为客户瞧不起自己，不谈了。

☐ 不知所措，不知如何解决。

显然，以上的方法都不妥。第一种方式，按照客户的意思，打电话向经理请示，实则是一种踢皮球的做法，想把所有问题都丢给经理解决。如果项目确实很大，你无法担当重任，可以向经理请示一下。但如果不是这样，就会引起经理的不快。因此，这样做不太明智。第二种方法，有的销售人员听到客户这样说之后，心里就忿忿不平，觉得客户蔑视了自己，不尊重自己，这样的客户不谈也罢。如果这样，那之前所做的一切努力和拜访不就都浪费了吗？也不可取。第三种方式，多数销售新手可能都会有这种反应。如果销售人员在客户面前表现出一副不知所措的样子，相信客户会更"蔑视"你，就这样的工作水平，让客户怎么相信你，怎么能放心与你合作呢？实际上，客户让经理直接过来谈，可能有几种原因：

1. 虚荣心，觉得与地位相当的人谈判才靠谱。

2. 拒绝销售人员的借口。

3. 不信任销售人员。

不管哪种原因，销售人员要想打开沟通局面，就必须想办法让客户信任自己。首先，销售人员要表现的很自信，要让客户觉得你是这个领域的专家。其次，销售人员要让客户明白，他需要的是一种适合他的、质优价廉的产品，而不是跟某个特定人物"坐而论道"。那么，这种情况下，销售人员要如何应对呢？下面的方法可供参考。

话术

"刘总，我明白您的顾虑，您放心，我们有信心在以后的合作中投入更多的资源和精力来满足贵公司的要求，如果经过我们的巨大努力，您觉得还是不能成为贵公司的合作伙伴，证明我们还有更多的东西需要学习，我们会更加感谢您。"

【点评】

这样真诚的向客户表达自己的信心和诚意，相信客户一定会有所心动。很多时候，客户这样说只是想得到销售人员的一个承诺，让自己放心。销售人员完全可以以情感人，更重要的是信守承诺。

话术2

"刘总，我们经理也一直想亲自拜访您。不巧的是，他因公出差了，他感到十分遗憾，走之前特意交代我要认真的与您沟通，我表达的意思就是经理的意思。时间就是金钱，相信您也不会执着于同我们经理谈，而任金钱流失，让竞争对手捷足先登吧？"

【点评】

向客户表示自己的经理也很想与他亲自面谈的意愿，平衡客户心理。而后，做出一些承诺让客户放心，再利用利益法打消客户的疑虑。

总之，当客户提出要与经理或老板直接谈的时候，销售人员一定要有自己的原则和立场，既不能完全顺从客户的意见，也不能跟客户讲大道理，否则会加强客户的抵触心理。最好的办法是在尊重客户立场的前提下委婉的提醒对方，他需要的是对自己有益的产品，而不是与某个特定人物的"高谈阔论"。

情景七

"你说得那么好，难道就没有缺点吗"
——淡化缺点，用无关紧要的缺点凸显产品的优点

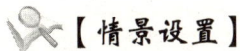

【情景设置】

玲玲是一家手机卖场××品牌手机销售人员。一天，一位客户挑选手机，到了玲玲所负责的柜台旁，这是玲玲与客户的一段对话：

"您好，请看看需要什么样的手机？"玲玲礼貌地问道。

"我想看看这一款。"客户是一位年轻人，看上去应是白领一族。

"您的眼光真好，这款手机是我们店这个月的销售冠军产品。"玲玲边说边拿出真机。

"是吗？我先看看，嗯，摸起来手感不错。"客户将手机拿在手里试了试说。

"没错，这款手机是采用××材料，双卡双待，而且具有多种功能，拍照、录像、录音、MP3播放、Java游戏下载、上网冲浪等……"玲玲开始一一向客户阐述手机卖点。

"你说的那么好，难道就没有缺点吗？"客户反问道。

如果你是玲玲，该如何与这位客户沟通呢？

☐ 满腔热情立即消退，对客户爱答不理。

☐ 认为客户是存心刁难。

☐ 信誓旦旦的说就是没有缺点。

显然，以上的方法都有不妥之处。第一种方式，很多销售人员听到客户这样说，就片面的认为客户买不起或者不是真的想购买手机。于是，所有热情就会退去，将客户视为空气，爱答不理，这样对待客户的销售人员肯定不会受到客户的欢迎。第二种方式，或许是销售人员本身性格使然，或者是因为心情不好，听到客户这样说，就像刺猬一样将不满爆发出来，认为客户是存心找茬，不买拉倒，请自便。这样做轻者客户生气的走开，重者就可能与客户发生冲突，不但影响自己的形象，还可能受罚，得不偿失。第三种方式显然有欺骗的意味，没有哪种产品是十全十美的，因此，你越是说自己的产品没有缺点，客户越是怀疑有问题，当然就不会购买了。

在实际的销售过程中，很多销售人员介绍自己的产品时总是夸夸其谈产品的优点，而对于产品的缺点却只字不提。这其实是一种很失败的方法。客户心里就会产生这样的想法：王婆卖瓜，自卖自夸！你的产品这么好，我就不相信它没有缺点，我偏不上你的当！那么，在与客户沟通的过程中，销售人员到底应该如何向客户介绍产品，才能促成交易呢？

首先，要先说缺点，再说优点。销售人员越是遮遮掩掩地不愿提产品的缺点，越容易把缺点在客户的心中放大。这样一来，就淡化了客户对产品缺点的在意，在心理上放大了产品的优点。还有一种方法就是找那种无伤大雅的缺点甚至不算缺点的缺点说出一两条，再说其实这个缺点是有好处的，就可以淡化客户的疑虑。

一般来说，销售人员可以通过以下方法来满足客户最重要的利益，淡化缺点：

1. 满足客户最优先需要的利益。

2. 满足客户背后需要的利益。

3. 竞争对手不能提供的利益。

销售人员在淡化和弥补缺点的过程中可以运用补偿法，给客户一些补偿，并在客户关键购买因素上多做文章。其要点就是突出产品的优点对客户的重要性，产品没有的优点对客户而言是相对不重要的。那么，如何与这一类客户沟通呢？销售高手一般这样说：

话术

"呵呵，当然有，这款手机的唯一缺点就是价格稍微高了点，但质量和售后服务非常好。而且，这款手机是智能手机，非常适合您这种白领使用，我们店长用的就是这款。"

【点评】

这样回复即解答了客户的疑问，同时也淡化了产品的这个"缺点"。随后，利用赞美的方法彻底打消了客户的顾虑。实际上，这样回复是因为销售人员已经大约确定了客户的身份特征——白领。这样的客户买手机最注重的就是时尚、新款和彰显身份，而对价格并不会太在意。其实，销售的一个前提是客户对销售人员的信任，但大多"老王卖瓜"式的产品介绍方式反而会适得其反，让客户对产品卖点产生怀疑。因此，在销售过程中，销售人员不但要说明产品的好处，还要向客户证明产品确如自己所说的那么好！如通过举例来证明自己产品的卖点。要注意的是所选的例子要贴近生活，更要与客户的身份特征贴近。

话术2

"这款手机唯一的缺点就是颜色少了点，只有黑、白两种颜色。但黑色的沉稳，白色的典雅，非常适合您这种白领使用。"

【点评】

坦诚的说出产品的缺点（实质上并不算什么缺点），然后再反转，将缺点变成优点，打动客户。

销售人员要牢记任何东西都有优缺点。介绍产品时可以突出优点，淡化缺点，但切忌理想化自己的产品，说成完美无缺，更不要夸大其辞，而要本着真诚、热情、诚信的态度对待客户。

情景八

"外观倒是挺漂亮的，不会华而不实吧"
——先顺后逆，改变客户认为外观精美品质就不好的观点

【情景设置】

朱娜是某品牌计算机的销售人员，下面是朱娜与一位客户的对话：

"您好，请看看需要什么样的计算机？台式的还是笔记本？"朱娜礼貌地问道。

客户："我想看看笔记本电脑。"

朱娜："请到这边来，这些都是最新款的笔记本。"

客户："哦，款式还真不少。"

朱娜："是啊，款式多，您才能选到更合自己心意的。就像您面前的这款……"

客户："嗯，外观倒是挺漂亮的，不会华而不实吧？"

如果你是朱娜，该如何回答这个问题呢？

☐ 直接反驳客户。

☐ 转而向客户介绍其他新款产品。

☐ 将以前的旧款式介绍给客户。

以上几种方式是销售人员经常使用的，但都有缺点。第一种方式，直接反驳客户，会让客户心里感觉不舒服，轻则转头走人，重则发生冲突。这种方式尽量避免。第二种方式，客户既然提到了那款产品，就证明他被那款产品吸引了，为什么还要转而去介绍其他产品呢？第三种方式，这是一种赌气的做法，这种做法不但不能改变客户的观点，反而会惹恼客户，也不可取。其实，很多客户都会有这样的观点，包装越精美或者外观越花哨的东西，品质不见得好。这与社会上的一些不良现象有关，但这毕竟是少数的。销售人员必须想办法改变客户的这种观点。方法其实有很多，一般可采用以下方法：

1. 拿出有力证明材料，如专业部门、认证部门颁发的认证书、质检书等。

2. 现场演示产品的优势，如抗摔、抗震等。

3. 举例说明。

对于这类客户，销售人员要心平气和的向对方解释，在承认客户观点的前提下，巧妙地指出自己的产品不适用于这一观点。具体可以这样回复：

话术1

"我完全理解您的这种观点。但是，这一观点还得具体看针对的是哪一类产品，像某些品牌的烟、酒、糖、茶以及一些食物等，确实存在过度包装的问题，因为抛开包装，这类产品几乎同质，为了竞争，厂家必然要在包装上一争高下。然而，电子产品就不同了，这属于高科技产品，厂家竞争的焦点在产品的功能上，而包装、外观只能在产品质量大幅提升的基础上才予以美化更新。换做是您，会做这样本末倒置的事情吗？所以，您尽管放心，完全没必要因为产品外观精美，就怀疑产品品质的卓越。"

【点评】

这样的回复首先承认客户的观点，然后提出自己的观点，加以举例说明，给客户吃一颗定心丸，从而改变客户认为外观精美、品质就没有保障的观点。

话术2

"呵呵，您说的有道理。其实，我们公司最近已经通过ISO9000验证，产品质量是绝对有保证的。您就放心吧。"（拿出相关证明材料）

先认同，然后说产品的质量有保障。这样一来，客户哪有不信服的道理呢？

在销售过程中，销售人员要学会给客户保留"面子"，不论客户如何评价和质疑我们的产品，都不宜动怒，应该使用"对，但是"的方法处理，先肯定客户的意见，然后再从其他角度向客户解释，这样与客户的沟通才能更顺畅。

情景九
"我不喜欢这样的款式"

——用产品的"综合实力"说话

【情景设置】

一位客户在一家童车店欲给孩子买一辆儿童电动车，这是该童车店某销售人员与客户的一段对话：

销售人员："您好，您想买哪种车？"

客户："我想看看儿童电动车。"

销售人员："请到这边来，我们店里的儿童车款式最全、最新颖了，保证孩子会喜欢。请问您给多大的孩子买？"

客户："快两周岁了。"

销售人员："哦，那您看看这款，这款电动车最适合2~3岁的宝宝用，颜色鲜艳，带遥控器……"

客户："我不太喜欢这种款式。"

如果你是这位销售人员，该如何与客户沟通呢？

□ 直接反驳客户。

□ 劝客户将孩子带来试玩，然后自己选择。

□ 问客户想要什么款式的。

以上三种做法显然都不正确。第一种方式，销售人员的反驳架势只会赶跑客户。第二种方式则是间接地否定了客户的审美观点。第三种方式是销售人员不作任何努力的表现，没有自己的主见，轻易被顾客牵着走。

在产品推销过程中，很多客户都会提出一些类似的异议，如"我不喜欢这种颜色"、"这个产品造型太古板"、"新产品质量都不太稳定"等。客户对产品提出异议，说明他们对这种产品有一定的认识，但了解还不够，担心这种产品不能真正满足自己的需要。因此，虽然有比较充分的购买条件，就是不愿意购买。为此，销售人员一定要充分掌握产品知识，能够准确、详细地向顾客介绍产品的使用价值及其利益，从而消除客户的异议。那么，实际工作中，销售人员要如何应对呢？销售高手一般会这样做：

话术1

"请问您是认为这款车的后架太高了还是××不搭配？（得到肯定之后）是这样的，这款电动车的设计主要侧重于孩子玩耍时的安全性，毕竟小孩子的玩具安全最重要。只是您初次看可能觉得不习惯，不过等您的孩子坐上去玩的时候，您就知道了。"

【点评】

这样的回复首先用引导性问题询问客户具体对哪儿不满意，然后有针对性的化解异议。没有确认客户反对意见的重点以及反对程度之前就直接回答，常常会招来更多的异议，让销售人员陷入更大的困境之中。因此，在面对客户异议的时候，销售人员不要一听到异议就争着解决，要多问一句，找到缘由，对症下药。

话术2

"这款电动车能有效锻炼孩子的手脚协调性，开发孩子的智力。而且，最重要的是这款电动车在安全性能方面非常好，很多客户反应，买回去后孩子很喜欢。"

【点评】

用产品的价值和用途等转移客户对产品款式的不满意，进而用产品的综合实力说服客户。当然，介绍优势时应考虑到对于使用人而言是最重要的方面。如儿童玩具车最重要的就是安全性要高。销售人员可以抓住这一点淡化客户对产品款式的注意力。最后，再利用例证法，抓住客户的从众心理（大家都觉得好的，就一定不错）刺激客户，沟通当然更顺畅。

总之，遇到这样的客户，销售人员绝对不能直接或间接否定对方的观点，要多问一个"为什么"挖掘客户的真实需求，用产品的综合实力为自己说话。

情景十

"别的厂家报价比你们要低很多"
——巧转话题，让客户以长远的眼光来看产品

【情景设置】

孟瑶是某印刷设备公司的销售人员，经过多次电话沟通，她预约了一位客

户。经过调查，这个客户有明显的购买需求，而且需求量较大，孟瑶下定决心一定要与这位客户合作。这天，孟瑶按照约定拜见客户，这是她与客户的沟通对话：

"冯总，您好。我是××的孟瑶，非常感谢您能抽出时间见我，这是我的名片。"孟瑶见到客户后礼貌地打招呼。

客户："你好，请坐。"

孟瑶坐下后，打量了一下客户的办公室，笑着说："冯总，您的办公室可真气派。"

"呵呵，是吧，这是我女儿给我设计的。"客户骄傲地说。

"您女儿真有才华，设计的既温馨又不失严肃。"听了客户的话，孟瑶赶紧说道。听到这句话，客户的脸上满是笑容，孟瑶知道自己已经开始了一个愉快的沟通。然后，她将话题转移到产品上。

孟瑶说："冯总，我发过来的产品资料您已经看过了吧？您觉得怎么样？"

客户："看过了，我对你们的产品很满意，也确实想买。"

孟瑶："那您还犹豫什么呢？"

客户："你们的报价太高，别的厂家报价比你们要低得多。"

如果你是孟瑶，该如何与客户沟通呢？

□ 直接反驳客户，说："不可能，别的公司还没有这样的设备。"

□ 反击客户，说："比我的报价低得多，不可能，您去买去，要是比我们的低得多，我双倍收购。"

上面这两种方式都不是最佳的方式。第一种方式，销售人员虽然是在向客户说明现状、阐述实情，但直接用不可置疑的语气与客户说话，客户会认为销售人员太狂妄，会立即下达逐客令。第二种方式也一样，这种话语具有挑衅的嫌疑，只会点燃客户的怒火，客户不但不会转变自己的态度，反而直接去购买其他销售人员的产品。实际上，任何一个客户都希望能与给自己的公司带来最大利益的人合作，销售人员也希望自己能获得更大的利润。那么，如何才能取得双赢呢？报价的技巧不可忽略。销售人员拜见客户，报价时要注意以下事项：

1. 报价时神态、语气应自然亲切，底气十足，不要让客户误以为报价掺有很多水分。

2. 报价金额不要为整数。

3. 预留议价的空间。

4. 报价后不要轻易掉价。

那么，当客户说"别的厂家报价比你们要低得多"等话语时，销售人员要想办法让客户明白一分钱一分货的道理，而不是直接反驳。具体要如何应对呢？销售高手一般这样说：

"冯总，这也不无可能。但是，您能详细打听一下那台机器的品牌和型号吗？看看是不是与我们的产品信息一致。据我所知，国内只有我们一家有这种产品。当然，如果那家的产品与我们的完全一致，我当然希望您能以更低的价格买到最优质的产品。"

【点评】

这样的回复首先回应了客户的异议，然后真诚的建议客户详细了解一下另外一家产品的详情。如果这是客户的一种讲价策略，那么客户一定会转换问题的焦点；如果真有其事，恰好也从客户的角度提醒对方注意产品的品质、型号、新旧等，以免因为错误信息导致更大的损失。不管从那个角度看，这样回复都会让客户心存感激，进而得到更好的沟通机会。

话术2

"冯总，那可能是真的，毕竟每个人都想以最少的钱买到最好品质的产品。但我们这里的服务好，可以帮忙进行××，可以提供××，您在别的地方购买，没有这么多服务项目，您还得自己花钱请人来做××，这样又耽误您的时间，又浪费金钱，还是我们这里比较合适。"

【点评】

大部分的人在做购买决策的时候，通常会了解三方面的事：第一个是产品的品质，第二个是产品的价格，第三个是产品的售后服务。在这三个方面轮换着进行分析，打消客户心中的顾虑与疑问，让他"单恋一支花"。

话术3

"冯总，为了公司的长远利益，高品质优质服务与价格两方面，您会优选哪一项呢？您愿意牺牲产品的品质只求便宜吗？您愿意不要我们公司良好的售后服务吗？冯总，有时候我们现在多投资一点，以后才能少花费一些维修费用，这也是很值得的，您说对吗？"

【点评】

给客户讲解产品能带来的长远利益和附加价值，引导客户以长远眼光看问题，客户就不会再计较价格的问题，转而被产品的其他方面的价值吸引。

总之，面对这类话语，销售人员不要仅限于和客户讨论产品价格方面的问题，要学会巧妙地转移话题，让客户"从长计议"，也让自己"从长计议"。

情景十一

"这不是最新的产品吧"

——切忌反驳，把客户的注意力引到质量或性价比上

【情景设置】

一个客户想购买一台电视机，他来到一家商场，看了很多品牌机，几经思考，客户决定购买某品牌最新推出的一款3D电视机。心颖是该品牌电视机的销售人员，这是她与客户的沟通对话：

"您好。您需要什么样的电视机。"心颖热情地招呼客户。

"我先看看。"客户看了一圈，目光在一台液晶电视和3D电视之间不断转换。

"先生，这两款电视是我们店里卖的最好的。您看这款（液晶电视）……"心颖开始向客户介绍那款液晶电视，这是出于库存考虑，心颖竭力向客户推荐这个旧款电视机。

"这个好像是液晶电视机吧，已经落伍了吧，现在都是3D时代了。"客户疑惑地说。

如果你是心颖，该如何解答客户的疑虑，并达到自己的目的呢？

□ "理直气壮"的狡辩，说："这就是最新产品。"

□ 认为客户太挑别，不屑与客户争论，不再理睬客户。

在销售过程中，很多销售人员都可能遇到这种情况，此时，很多销售人员常常不能灵活的应变，做出以上两种错误的表现。第一种表现，客户购买某种产品肯定也会经过一番调查、比较，会了解一些基本情况。因此，客户会认为销售人员不诚实，在狡辩，相信任何客户都不会喜欢这样的人。因此，沟通自然就会不愉快的结束。而第二种方式，销售人员则太过势力，容易得罪客户。不但客户这次不购买你的产品，将来可能也不会再购买你的产品了。

产品的更新换代很正常，客户想买最新产品的心理也很正常。此时，销售人员要做的是思考自己是不是必须销售这款技术偏老的产品给客户，如果客户的预算有限，无法承受新品的价格，又或者新品还没上市，或者其他原因，有向客户推销旧款产品的必要，那就从"打压"新技术、新产品开始。如何"打压"新技术、新产品呢？可以从以下几方面入手：

1. 质量的可靠性、稳定性。

2. 性价比。

一般而言，采用新技术的产品价位会比较高，销售人员可以告诉客户新品的性价比不好，而老款产品的稳定性、可靠性是新产品无法比拟的，让客户明白可靠性对于他来讲更为重要。那么，在具体销售工作中，要如何回复客户呢？我们来看一下销售高手的炒招。

话术1

"您真厉害，连这个也知道。这款产品的确是去年研发的，同时也是去年卖的最好的一款，之所以今天我们还将它作为推广的主力产品，主要是从性价比方面对客户来说是最划算的。"

【点评】

这样的回复首先赞美了客户，消除了客户对销售人员的敌意。然后，坦诚的承认会让客户放下戒备，听你继续介绍。最后从客户的角度考虑，并向客户解释推荐这款产品的原因，客户就容易接受了。记住：遇到不好处理的问题，在解释前使用认同技巧往往会使你的说服力大增。

话术2

"其实，有时候买东西是不是新产品并不重要。重要的是它能不能满足您的需要，只要适合您并且价格合适，就是适合您的产品，您说呢？"

【点评】

这样的回复婉转的告诉客户，产品只要适合自己就是最好的，这也确实是一个真理。因此，客户不会激烈拒绝。当然，这里也提到了产品性价比问题，就更容易说服客户。

话术3

"的确，相对于3D来说，这是属于老技术了。但很多新品不一定就比老款产品好，就像Windows的操作系统一样，您说，是吧？"

【点评】

这样的回复首先认同客户的观点，随后提出一个引导性问题，并运用比喻法形象的向客户说明新产品不一定就比老产品好。客户听后，想法肯定会有所改变。

总之，当听到客户说"这不是最新的产品吧"等异议时，销售人员切忌反驳，而要从产品的稳定性、性价比入手，说服客户。

情景十二
"我得再综合其他同类产品考虑一下"
——及时跟进，用自信的承诺打消客户的顾虑

【情景设置】

卢悦是一家人才市场中心的销售人员，负责销售招聘展位工作，下面是卢悦与某公司人力资源部经理的对话：

"徐经理，您好。我是××人才中心的卢悦，这是我的名片。很抱歉，冒昧打扰您。"卢悦见到客户后礼貌地介绍自己。

"你好，小卢，是关于展位的事吧？"客户笑着问道。

"徐经理，您记性真好。确实是向您讨论关于招聘展位的事。在电话里虽然向您简单介绍了一下这次招聘会，这次来是希望与您深入沟通一下，定下来这件事。"由于客户直接问起，卢悦直接进入正题。

客户："我知道，我们公司也确实需要招聘员工。"

"那我就帮您预定一个好的展位吧？您看您对展位有什么要求？"说到这里，卢悦打开了自己带来的展位图，放在客户面前。

客户："不好意思，暂时我还没有决定，我想再综合其他招聘中心考虑一下，之后再做决定。"

如果你是卢悦，该如何与客户继续沟通呢？

☐ 顺从客户的意思，放弃继续沟通，给客户考虑的时间。

☐ 急忙劝说客户无须再考虑，自己的产品就是最好的产品。

以上两种做法显然都不是最好的方法。第一种方式，直接顺从客户的意思，虽然表达了你对客户的尊重，但也可能误解了客户的意思，导致失去一位准客户。第二种方式，这种急切的方式无疑会加剧客户的怀疑。而且，"货比三家"很正常，销售人员不可断然否定客户的观点。

客户在决定购买某种产品前，肯定会有"货比三家"的想法，客户这样说表面上看是拖延时间，实际的目的是得到性价比最高的产品。此时，销售人员要做的是及时跟进，用自信的承诺打消客户的顾虑。很多销售人员害怕竞争对手抢走自己的客户，总是表现的很急切，甚至会逼迫客户当场决定下单，但往往越是这样，客户越怀疑销售人员的产品有问题。其实，不必如此，你越是对自己的产品有信心，给客户一个充分自由选择的权利，客户反而会慢慢靠近你。当然，这不是说让销售人员放弃客户，让客户自己去比较。而是帮助客户找几个比较对象出来，当场就一起进行比较。比较的时候，要注意以下要点：

1. 熟知自己的产品与竞争对手产品的优势和劣势。

2. 用自己的产品最有优势的地方与对方的优势比较，用自己产品的优势与对方的劣势比较，用自己产品的劣势与对方最优势的地方比较（话语客观，不得攻击竞争对手，三局两胜）。

在具体工作中，要如何应付这种情况呢？销售高手一般会这样做：

话术1

"没关系，多比较一下没有坏处。不过，我想知道您比较的目的是什么呢？是订到价格更低、服务更好的展位，对吗？如果是这样，那您永远也不会称心如意。（停顿一下，客户会问为什么？）假设您找到了一家比我的报价低的单位，那么，您会想——肯定还有比这更合适的……这样比来比去，需要花费多少时间，等您找到合适的，更低价的又出现了，结果您又要比较。所以，您永远也不会称心如意。您说是不是？"

【点评】

这样的回复首先肯定的回应了客户的观点，让客户感觉销售人员在为自己着想。随后，销售人员提出自己的观点，再加以合理的解释，这样就在不知不觉中化解了客户的异议。

话术2

"没关系，我能理解。我就喜欢和您这种慎重的人打交道，我想问一下您主要想与哪家公司相比较……"

【点评】

首先，认同客户、赞美客户，消除客户的戒心。然后，礼貌的询问客户要与哪家公司比较，这样才能有针对性的与客户当场一起比较考虑。

话术3

"我能理解您的想法，换了是我，也会"货比三家"之后再做决定。但是，您大可放心，我们的展位承诺在招聘会开始的前一天内无需任何理由自由退订。也就是说，招聘会召开之前一天的这段时间，您尽可"货比三家"，只要您觉得其他人才中心的展位比我们的好，我们没有任何怨言。"

【点评】

任何人在决定购买一种产品时，都会很小心谨慎。销售人员无需气馁，我们可以先说服客户预订之后再与其他产品比较，如比较后觉得不满意，退换自由。这样一来，就等于给客户吃了一颗定心丸。一般而言，市场上同类产品的价格、服务都是相差无几的，但客户会基于对你的承诺的回报，而不会轻易选择退换。

其实，回复客户的方法还有很多，不管是哪种方法，销售人员都要秉持一个原则，相信自己的产品，用积极地承诺打消客户的顾虑。当然，这个承诺一定要说到做到。

情景十三
"我不太了解这种产品，得找朋友参谋一下"
——注意观察，根据客户具体情况灵活应对

【情景设置】

一位客户家里要装修，到家居建材市场购买地板，客户走进一家店面，下面是店里销售人员与客户的一段对话：

销售人员："您好。您需要什么样的地板？"

客户："我先看看。"

销售人员："好的，您随便看，这边也有。"

客户："这款图案、颜色真不错。摸起来也感觉很好。"说着，客户在一款地板前站定，并伸手摸了摸。

销售人员看到客户的动作，随即走到那款地板前说："您眼光真好，这是我们店里卖的最好的一款，这款地板……"销售人员开始介绍。

客户："哦，这款也不错。"销售人员又简单介绍了一下。

几次之后，客户还是没有确定下来。于是，销售人员询问客户，最中意哪一款。

客户："其实，我对地板不了解，得找朋友参谋一下。"

如果你是这个销售人员，该如何应对呢？

☐ 直接对客户说："用不着如此麻烦，只要自己喜欢就行了。"

☐ 攻击客户的朋友，说："为什么要问你的朋友，他也不是专业人士。"

显然，这两种回答都会引起客户的不快。即使销售人员说的是实情，但也过于直接，会伤害客户。况且，你又怎么知道客户的朋友不是专业人士，销售人员攻击客户的朋友就等于攻击客户，客户怎么会领情。实际上，这样拒绝销售人员的客户属于那种没有主见、做事犹豫不决且总喜欢询问身边朋友的意见和建议的人。遇到这样的客户，销售人员一定要有耐心，注意观察客户的一举一动，找准客户的真正需求，必要时帮助客户做决定。其实，很多时候，客户犹豫不决，也许是以下原因造成的：

1. 客户对产品或服务还没有透彻地了解，还没有真正明白你的产品或服务能给他带来什么利益。

2. 销售人员没有实际而坚定的成交动作，没有促使客户下决心。

3. 没有挖掘出客户内心的真正需求。

4. 没有给客户提供他认可的对他有帮助的解决方案。

5. 没有给客户一个独特的理由：为什么要选择你？

6. 担心产品的质量、价格等方面有问题。

这个时候，销售人员要想办法找出客户犹豫不决的真正原因，然后对症下药。具体在实际销售沟通中，可以这样说：

话术1

"您的朋友肯定很懂行。其实，地板比较好选，主要是要与整体装修风格相匹配。这样吧，您告诉我您现在装修的房子是做什么用的？门、家居、墙面等是什么颜色的？我可以先帮您选几个可相互映衬的地板颜色，这样，就更容易做选择了，是不是？"

【点评】

这样的回复首先赞美了客户的朋友，也就间接赞美了客户，客户当然高兴。然后，再问一些引导性问题，打开话题，从客户的角度帮助对方进行选择，客户当然不会再拒绝。此时，销售人员就相当于客户的朋友，为他提供专业的建议。

话术2

"我家装修用的就是这款地板，朋友们都说看上去非常上档次。而且，这款地板是防滑的，家里就是有孩子、老人也不怕不小心滑到。这样的地板，您还有什么不放心的呢？"

【点评】

这样采用例证法回复会增加客户对产品的信心，进而获得客户的肯定。

话术3

"是啊，这是我们店里热销款，很多人一眼就相中了。不过还是有客户考虑了一下才购买的，因为他们担心这个款式和颜色与装修风格不搭，不知道您是不是也担心这一点呢？"

【点评】

在客户眼里，销售人员的经验比一般人丰富些，即便是站在卖方的角度，也能提供一些有见地、有启发的意见。因此，只要销售人员开了场，客户自然愿意吐露心声，征求对方的意见。一来二去，客户的需求便尽在掌握中了。

大多数情况下，客户这样说来自于对产品的不够肯定。所以，销售人员要始终给予客户肯定的暗示，帮助其消除疑虑。然后，通过自己真诚和良好的服务去赢得对方的信任。销售人员一定要保持真诚的态度，让客户感受到你的称赞和认同，切不可为了尽快成交而忽略谈话的语气和态度。否则，不仅不能帮助客户消除犹豫心理，还可能使客户更快地离开。销售人员热情的服务会感动客户，为你在客户犹豫的天平上增加取胜的砝码。

情景十四
"你们的产品不符合我们的要求"
——引导客户，有针对性的推荐产品

【情景设置】

姜凯是某销售技能培训公司的销售人员，通过公司一位客户的推荐，得知某客户决定做一场为期一个星期的手机导购销售技能培训。姜凯立即联系这位客户，并事前将一套方案传真给客户，这天，他去上门拜访客户，寒暄后双方开始了交流：

姜凯："杜经理，我寄给您的那套方案您看过了吧？您觉得怎么样？"

客户："我看过了，你推荐的老师很有名气。"

姜凯："是的，李老师也是××经理（第三方介绍人）鼎力推荐的，李老师刚刚为他们做完××内训，导购员的业绩都有了大幅的提高。"

客户："我知道，但是我与××(第三方介绍人)并不是一个行业。我觉得你们提供的方案不符合我们的要求。"

如果现在你是姜凯，该如何应对呢？

☐ 放弃合作，感觉很委屈。

☐ 恳求客户不要太挑剔。

以上两种回复方式，显然都无法签下订单。第一种方式，因为客户说不符合自己的要求，就主动放弃，这样的销售人员太没有韧劲了。第二种方式，如果销售人员直接恳求客户不要太挑剔，在客户看来，你是抱怨他不通人情，客户会更加反感，彻底拒绝与销售人员的沟通。其实，任何产品都可能有不满足客户要求的地方。但是，如果你能打动客户，即使所推销的产品有客户不满意的地方，客户也会接受。那么，在这种情况下，销售人员要在充分了解产品的基础上，让客户说出不满意的地方，找出客户担忧的地方，重点攻克，消除疑虑，才有望成功。遇到这种情况，如果销售人员能够按照客户的需求修改自己的解决方案或者改进产品，那是最完美的解决方法。但通常情况下，我们无法轻易改变产品，这个时候，销售人员该怎么办呢？这时，我们先要了解一下客户说不符合他们要求的几种可能原因：

1. 推销的产品实际上具备了相应的技术、功能特性，但由于初次接触，客户不了解，或由于操作使用方法与之前的使用习惯不同，客户误认为不符合要求。

2. 提出的要求是正在研制中的新功能。

3. 提出的需求属于个性化的、非通用性的需求，同时又是其必不可少的需求。

如果是第一个方面的原因，销售人员就非常明确肯定的告诉客户"产品有这些功能"！然后，具体教会客户，让客户理解和接受。这种情况比较普遍，因为销售人员对产品不熟悉，或者是没有针对客户的需求给予明确的答复，导致客户对我们的产品产生错误的认识。所以，销售人员的产品知识培训非常重要。如果是第二种原因，销售人员就直接告诉客户产品具备这些功能，只是因为现在他看到的产品是样品（演示产品），正式产品会包括对方所提出的各项需求。这一点，对于软件、广告等IT行业和服务行业尤其实用。如是第三种情况，如果公司可以办到，当然皆大欢喜。如果办不到，就要改变策略，那就是想办法修改客户的产品要求。如何"修改"客户的要求呢？那就是挖掘客户的真正需求，引导客户逐条说出自己的需求，然后再一条一条的用自己的产品所具有的优势说服客户。具体可以这样说：

话术1

"杜经理，您为什么这么说？可以说说您的具体要求吗？（客户说出一条后，接着问）除了这一条，还有什么要求？（以此类推，指导客户说出全部要求）"

【点评】

这样的回复能够表现出销售人员对客户的真诚的态度。同时，用多个引导性问题引导客户说出自己的具体要求，明确问题后，才能一步一步有针对性的解决客户的需求。其实，这也是在变相的分解客户的异议，一是挖掘客户的本意，二是帮助客户自己梳理问题。模糊的问题最难解答，明确问题后，才能有针对性的有效解答，让客户满意。

话术2

"原来是这样，杜经理，或许我们这个方案不能满足您的要求。那您能说一说具体的要求吗？我们公司有很多优秀的培训讲师，相信总有一个老师的课程能够满足您的要求。"

【点评】

这样的回复首先回应客户的观点，然后请客户说出具体的要求，再具体问题具体分析，总能找到一个适合对方的产品或方案。当然，这样的回复适合于产品种类较多或者方案比较灵活的行业。

总之，当客户以产品不符合要求拒绝销售人员的时候，销售人员不能直接与客户理论，而应引导客户将具体要求逐条说出来，然后具体问题具体分析，更容易获得客户的理解。如果产品还是无法满足客户的需求，那也不能强求，可以大度的向客户推荐一些能够符合客户需求的其他公司的产品。这样虽然失去了这次合作的机会，但却与客户建立了良好的信任关系，为以后的合作打下了基础。

情景十五
"发给我的数据，怎么跟你说的不一样"
——坦诚解释，用真诚的态度获取客户的信任

【情景设置】

李晟是某模具公司的销售人员，负责产品销售和开拓客户，下面是李晟与一位客户的对话：

李晟："王工（设计工程师），您好。我是××的李晟，之前我们电话沟通过，这是我的名片。"

客户："你好。请坐。"

李晟："谢谢。我们公司寄给您的相关产品数据已经收到了吧？"

客户："收到了，也仔细看过了，确实是我们公司需要的。"

李晟："那我就放心了，相信您也对我们的产品有了初步了解。下面，我再向您简单介绍一下我们产品的具体性能……"

客户："等等，你发给我的产品数据，怎么跟你说的不一样。"

如果你是李晟，该如何解决这一问题呢？

□ 说绝对不可能。

□ 不在意的说资料上的数据不太准确，不用太在意。

□ 向客户道歉，说寄错了产品数据，或者说自己说错了。

这几种方式显然都会引起客户的不快和不信任。第一种方式，说绝对不可能，其实是在质疑客户的话，客户怎能高兴？第二种方式本来数据不一致，就已经让客户很不快了，如果此时销售人员再以毫不在意的态度让客户不必在意数据的准确性，客户会非常气愤，心想与这样不负责任的销售人员合作，就是自讨苦吃。最后的结果就是不欢而散。第三种方式，向客户道歉虽然让客户一时不再生气，但客户心里会有疙瘩，不但会对销售人员本身的粗心大意很失望，也会对销售人员所在的公司产生怀疑，觉得不值得信任。如此一来，无疑

就是丧失了好不容易与客户建立起来的信任关系。

有些客户非常谨慎，为了更好的做出购买决策，通常会要求销售人员发送一些产品数据，如：

1. 产品物料清单。

2. 工程文档。

3. 生产技术文件。

4. 产品结构和配置文件。

5. 工程分析及验证数据。

6. 图象文件（照片、造型图、扫描图等）。

7. 产品说明书。

8. 软件产品(程序、库、函数等"零部件")等。

销售人员给客户提供的产品数据一般应根据客户的具体要求提供。当然，有些数据要注意商业信息的保密性，公司规定不能透露给客户的，绝对不能透露。销售人员一定要熟知每种产品的规格、标准和产品的性能以及相关数据，这也是销售人员专业性的表现，同时也可以避免向客户介绍产品时出现失误。那么，在工作中，如果真的出现这种情况时，销售人员也不要慌张，只要坦诚的向客户解释，客户一定会理解。下面让我们看一下销售高手是如何应对的。

话术1

"王工，实在对不起，可能之前给您错发了产品数据。您真是一个做事细致认真的人。不过，您放心，我们的产品绝对没有任何问题，这是在原有产品的基础上改进的。主要数据都符合国家规定标准。这是最新的产品数据，您对比一下就明白了。不过，还是对此深表歉意，您大人大量，就原谅我这一次吧。"

【点评】

诚恳的向客户道歉，并不失时机的赞美客户，缓和一下气氛。随后，真诚向客户解释其中的原因，并证明产品没有任何问题，让客户放心。只要不是什么严重问题，客户都会理解，任何人都有失误的时候，最重要的是态度要真诚，而不是找借口为自己推脱责任。

话术2

"王工，实在对不起，刚才是我太紧张，不小心说错了，我刚刚查看了一下，之前发给您的产品数据没错，是××。"

【点评】

用真诚的语气表达出自己的失误，并向客户道歉，随后说出正确的产品数据，打消客户的疑虑。

总之，不管什么原因，销售人员都应尽量避免出现这种状况。传真或寄送资料之前，一定要仔细确认，同时要多注意练习，熟记产品相关数据，给客户一个专业的形象。记住，任何时候，客户信任的或许不是我们的产品，而是我们自己。

情景十六
"你们推荐的产品跟你说的不一样"
——面带笑容，把真正的原因告诉对方

【情景设置】

沈峰是某节电设备公司的销售人员，经过几次沟通拜访，客户留下了沈峰销售的节电设备试用1个月。1个月后，沈峰又来到客户公司，高兴的准备签订合同，下面是沈峰与客户的一段对话：

沈峰："赵总，您对我们这款设备还满意吧？"

"满意？我太失望了？"客户满脸的愤怒。

"这是怎么回事？您觉得哪不满意啊？"沈峰心里一惊，赶紧问道。

"你推荐的产品跟你说的不一样。"客户还是很气愤。

"赵总，您先消消气。请您告诉我具体哪方面不一样？"沈峰平复一下心情，认真的说。此时，客户的情绪有所缓和，但看上去还是很生气。

客户："你说安装这个设备后能总体节电可达20%，根本就没有达到这个数值。"

如果你是沈峰，该如何应对呢？

☐ 不相信客户的话，说实际情况与产品是一致的。

☐ 将责任推到客户身上，说客户操作失误。

☐ 与客户玩文字游戏，说客户误解了自己当初的意思。

以上三种方式都不提倡，因为这都会导致推销失败。第一种方式，销售人员如果直接说自己的产品与实际情况相符，其实就是在否定客户的异议，潜台词就是客户故意刁难，客户当然不会高兴。第二种方式，将本是自己的责任推到客户的身上，即使是客户的错，那这样不给客户留面子的反驳也会让客户火冒三丈，沟通自然会不愉快的中断。而第三种方式，与客户玩文字游戏，就是把客户当做"傻子"对待，这种不尊重人的做法会让客户毫不客气地赶人。实际上，这种情况经常发生，一方面是由于客户对我们的产品期望过高，由于没有达到自己的期望，就认为是产品的错，是销售人员在欺骗自己，但事实是由于环境、使用方法等多方面的原因导致产品的实际使用情况会与产品的理论值不符。此时，销售人员要做的不是"据理力争"，而要面带笑容向客户解释清楚真正的原因。

一般来说，产品使用后不符合客户要求，可能会有以下原因：

1. 操作失误。
2. 设备安装不当。
3. 私自更改设备负载或其他。
4. 使用习惯不同。
5. 环境变化等。

影响产品实际使用效果的因素还有很多，销售人员要先探明具体原因，然后再向客户解释。更重要的是，销售人员不能为了自己的业绩而夸大产品的功能，忽悠客户。销售不是"一锤子买卖"，以诚取信才能长久。在具体销售中，销售人员可以这样向客户解释：

话术1

"赵总，您别生气。我向您承诺过若达不到20%的节电效果，可以无理由退换。但在此之前，我们分析一下为什么会出现这种情况，为我们的产品提点意见，以后我们才能做出更好的产品。"

【点评】

首先，用公司的承诺稳住客户，让客户无后顾之忧。然后，再与客户一起分析其中的原因，找到症结，问题就很容易解决了。

话术2

"是吗？赵总，引起设备达不到节电要求的原因有很多，比如操作失误、环境变化……都可能会影响设备的节电效果。因此，节电效果不好，不一定就是我们设备的原因，您说呢？（客户可能会说那也可能就是节电设备的原因，此时可以这样回复）是的，您说的有道理，不过设备无法达到理论节电效果也是有一定的规律的，如果您不介意的话，我可以给你介绍一下，就算您最后要求退货也没有关系，就当了解一下，好吗？"

【点评】

如此回复其实就是逐条帮助客户分析发生这种状况的原因。找到原因，就可以对症下药。最后，让客户明白是自己有偏见，没有看到其他的问题。这样一来，推销就能继续下去。

总之，在这种情况下，销售人员要本着诚信的原则为客户解释其中的真正原因，共同解决问题。也可以在解释原因后将话题转移到产品的性能和性价比上，以此打动客户。

情景十七

"我还是愿意选择以前跟我们合作的厂家"

——竭尽全力向客户证明自己所在公司的实力

【情景设置】

杨阳是某网络公司的广告推广专员，负责联络客户做网络广告。这是杨阳与一位客户的对话：

杨阳："袁总，您好。我是××的杨阳，很荣幸见到您。"

客户："你好。我知道你们公司，好像是做网站的。"

杨阳："对，袁总，您记性真好。今天我过来就是想与您讨论一下关于网络广告的事。"

客户："哦，这件事啊，我们公司已经在其他网站做过了，现在合同还没有到期。"

杨阳："像袁总这样的公司肯定会在网络媒体这一块投资很多。不过，我想请教一下，贵公司做了网络广告后，效果如何？"

客户："还可以吧，点击量挺高的，搜索排名也在靠前的位置。"

杨阳："那真是太好了。袁总，如果我们有一种更适合您的新的网络推广平台，当然不影响您与现在的合作伙伴的关系，那么，您合同到期后能考虑与我们合作吗？"

客户："什么新的网络平台，你先说说看。"

杨阳："我们网站……"（杨阳开始介绍自己网站的优势，以及给客户带来的利益）

客户："还不错，但我还是愿意选择现在这个公司，他们更有实力。"

如果你是杨阳，该如何应对呢？

□ 与客户理论，说："你怎么知道我们公司没有实力。"

□ 向客户讲大道理，认为客户长期只与同一家公司合作，会落伍，没有进步。

□ 放弃继续沟通。

这几种方式都不是最佳的方式。第一种方式，直接与客户理论是最不明智的做法。有实力就要证明给客户看，而不是嘴上功夫，与客户硬碰硬只会落得一身狼狈。第二种方式，给客户讲大道理更不可取，即使你说的是实话，也有道理，但毕竟没有谁喜欢被别人当面教育。第三种方式也不对，就这样放弃，最后自己的业绩怎么办？

实际上，无论是谁，都不会选择和没有实力的公司合作，但销售人员也没有必要因此就灰心。仔细想一下，客户这样说，只能代表目前的这家公司是给他们提供服务最好的一个。说不定自己的产品、价格、服务或其他方面更有优

势。客户说的只是他所知道的范围，或许他根本还不了解你或你们公司。那么，要想说服客户，首先要了解一下客户对目前的合作伙伴或者供应商感到很满意的原因：

1. 价格合理或特殊优惠。
2. 产品质量或服务很好。
3. 有特殊生意关系或人际关系。
4. 已经合作多年。
5. 不知道有更好的。
6. 在有需要的时候会帮助自己或能提供增值服务。
7. 特殊待遇。
8. 不想更换供应商，怕麻烦或怕浪费金钱。

这是几种常见的客户不愿意更换合作伙伴的原因。其实，不管哪种原因，销售人员都可以找到解决方法。当然，前提是想办法知道其中的具体原因。具体可以采用以下方法应对：

话术1

"袁总，我相信您选择合作伙伴的眼光。我想问一下，您现在最喜欢对方的哪一点？他们为您提供的服务中有没有您想改变的地方？"

【点评】

首先赞美客户的眼光，客户会非常高兴。接下来，你问什么，客户都会很愿意回答。在这个基础上，询问客户对现有合作伙伴很满意的原因，然后才能更有针对性的进行沟通。

话术2

"袁总，我承认，您现有的这家合作伙伴确实比我们早成立3年。这家公司的名气也很大，产品确实做的很出色。但我们公司也有自己的实力和特色，甚至在××方面做的更专业。您可以先在我们公司免费宣传一个月，不需要承担任何义务，一方面是体验一下我们的服务，另一方面就当是帮我们检验一下我们的产品和服务的质量，可以吗？"

【点评】

首先，认同客户的观点，承认自己的公司确实没有那么大的名气，让客户放下防御心。随后，用诚恳的语气指出自己的公司也很有实力，在某方面做得更专业。最后，以免费试用和请求帮忙的方法获得客户的同情，让客户不忍拒绝。

总之，当客户以这样的话拒绝时，销售人员不能失去信心，而应想方设法向客户证明自己公司的实力，或者引导客户说出一些隐藏在背后的需求或不满，进而得到继续沟通的机会。

情景十八

"你们公司是专业生产这种产品的吗"
——探本寻源，根据客户真实需求介绍产品

【情景设置】

左青是某空调公司的业务员，主要负责中央空调的销售。下面是左青与一位客户的对话：

左青："胡总，您好。我是××的左青，非常感谢您能抽空见我一面。这是我的名片。"（左青双手递上自己的名片）

客户："你好。有什么事吗？"（客户示意左青坐下）

左青："胡总，我想问一下贵公司现在使用的是中央空调吗？"

客户："不是。"

左青："那贵公司现在有这方面的计划吗？我听××说，您打算要安装中央空调。"

客户："呵呵，是有这个打算。"

"您真是太体恤下属员工了，我羡慕能在您手下工作的员工。"左青赞美客户说。

客户听后很高兴，连忙说："没什么，公司就应该给员工提供一个良好的工作环境。"

左青："那么，我想问一下，您对中央空调有什么要求。我们公司现在推出一款新的中央空调，我向您简单介绍一下……"（左青开始向客户介绍产品）

客户："听起来不错，你们公司是专业生产空调的吗？"

如果你是左青，该如何应对呢？

☐ 对客户说谎，说是专业生产空调的（假设本身不是专业生产的）。

☐ 直接反驳客户，说专业不专业不重要。

这两种方式显然都不可取。第一种方式，如果你的公司确实是专业生产这种产品的，那这样说无可厚非。但如果不是，一旦被客户揭穿，就会失去客户对你的信任，销售人员自己以及公司的名誉都会受到损害。而第二种方式会让客户感觉不舒服，不但没有解决客户的异议，反而会让客户起疑心，接下来的沟通就会出现隔阂。

任何人都喜欢品牌产品，或者说喜欢与有实力、有名气且专业性较高的公司合作。因为客户认为这样的公司的产品质量更有保证。客户有这种想法很正常，销售人员应予以理解。事实上，客户提出的任何异议背后都隐藏着不同的购买动机和购买需求，如：

1. 关注产品的外观。

2. 关注产品的价格。

3. 关注产品的使用性能。

4. 关注产品的质量。

5. 关注产品的售后服务。

6. 关注产品的品牌等。

销售人员要做的是洞悉、挖掘、探测客户异议背后的真相是什么，透过真相才能发现本质，同时才有可能把客户的这种异议转化为展现产品销售的契机。那么，在遇到这种情况时，要如何应对呢？下面是销售高手的妙招。

话术1

"胡总，您放心，我们公司同格力、美的等品牌空调一样，从产品的研发、设计、生产到销售、售后服务都是一条龙的。我们公司进入这个行业已经二十多年了，您看这是我们多年来的××报告，产品说明书和铭牌上的生产地址都是一致的。"

【点评】

如果销售人员所在公司就是专业生产这种产品的，销售人员就可以自信的向客户介绍自己的产品，并拿出相关的证据证明自己所说的话，客户自然就会放心了。

话术2

"您这样想，我很理解。不过，这个问题也并不重要。因为世界上没有一家公司能够独立生产一种产品。就像一台计算机，处理器是美国的，硬盘是中国台湾的，内存是韩国的，主板是中国东莞的，重要的是这个空调的性能是否满足您的需求，同时它的可靠性又如何，您说是吗？"

【点评】

如果公司不是专业生产空调的，销售人员也不必着急，毕竟代工已经是一种非常主流的生产模式了。我们要做的就是告诉对方自己公司的产品的品质是靠得住的。这里，销售人员先顺从客户的观点，而后用大家都熟悉的计算机作比喻，让客户接受这种模式，明白购买一个产品主要在于是否适合自己，进而打消疑虑。

总之，面对客户的类似异议，销售人员的第一意识应该是"顺为先"，先顺着客户的思路及说法，不要强行扭转客户思维，更不能武断反击。然后，"探本源"，明确客户异议中的弦外之音、言外之意是什么？观点的表达都有理由的支撑，客户的这个理由是什么？在探出客户的本源，也就是真正的需求后，要"导观点"，逐步导入自己的观点。这个过程是诱导客户思路的过程，不是强加给客户，要注意客户的认同。

第五章

眼看成交，仍有疑惑，再次犹豫

——挑毛病的才是真正会购买产品的人

在整个销售过程中，最后的成交阶段其实也是客户最容易提出异议的阶段。通常，在展示完产品之后，销售人员就会要求成交，但客户一定会有一些异议呈现出来："价格太高"、"产品质量怎么样"……其实，客户提出这样看法或意见就代表他们发出了购买信号。面对这些"购买信号"，销售人员首先要做的不是逃避或者试图掩盖，而是趁热打铁，进一步强化产品利益。此时，销售人员要说的每一句话，都要真诚、自信，这样才能更好的说服客户，顺利成交。

本章导读

情景一

"等你们做活动时我再来"
——扩大痛苦，痛苦与快乐交替上演压迫客户

【情景设置】

某商场某品牌厨房小家电柜台，某客户想购买一台电压力锅，下面是客户与销售人员的一段对话：

销售人员："您好，您看看我们××的产品，我们只专注于生产压力锅，是最专业的压力锅生产企业。2～12升的都有。"（客户被销售人员的话吸引）

客户："是吗？我看看。"

销售人员："您看看这款，这是今年的畅销产品，具有十多种烹调功能，而且采用了最新的模拟柴火烹饪的技巧，烹调口味与口感非常好。"

客户："模拟柴火烹饪？这是什么意思？"

销售人员："您看，锅盖的正中心有一个电子眼，能自动判定食物所需的压力，然后通过控压，实现传统的柴火烹饪效果。"

客户："真的不错，不过有点太贵了。"（客户看了看价格标签）

销售人员："是的，价格是稍微高了点。但是，一分钱一分货，贵有贵的道理。您看，这压力锅……（说明原因，阐述优点等）"

客户："我还是觉得贵了点。"

销售人员："您想一想，像电压力锅这类产品最重要的是质量要好，况且这款压力锅使用七八年都没有问题，算下来平均每天才合几毛钱……（数字分解，减轻压力）"

客户："我再想想，等你们做活动时我再来。"

如果你是这个销售人员，此时该怎么做？

□ 努力劝说："还不知道什么时候做活动呢，你还是今天买吧！"

□ 消极应对："那好吧，等做活动的时候再买吧！"

在遇到类似的情况时，大多数的销售人员都会采取上面两种方式的一种。然而，这两种方式一般都不能打动客户。第一种方式，销售人员在没有弄清楚客户的真实意图的情况下就贸然回答。而且，这种回答相当于告诉客户，这个产品肯定会做活动，只是时间不确定。客户当然会选择有活动的时候来买了，而且来不来还是个未知数。第二种方式，则是一种消极应对的表现，主动送台阶让客户走人。其实，"等你们做活动时再买"只是一种理由式的拒绝，并不代表客户真正的拒绝。绝大多数情况下，这是客户为了获得更多的折扣或优惠而放的烟幕弹，他们会根据销售人员的反应而选择下一步的行动。因此，面对这一拒绝，销售人员完全不必惊慌，更不能消极应对。因为客户对产品性能、质量已经认可。此时，销售人员应清晰冷静地帮客户分析一下现在购买的好处、利益，再将等做活动再买时可能带来的"隐患"或损失等进行对比，让客户明白两者之间的利弊，利用客户对好产品天然的占有欲，恰当地向客户施压，成交就会水到渠成。 使用这种方法主要有两个步骤：

1. 阐述现在购买的好处、利益。

2. 强调现在不买的坏处、损失。

其实，遇到这种情况，销售人员也可以正面处理，如申请优惠或者通过赠送礼品等做补偿。但正面处理时，销售人员首先要弄清楚客户这样拒绝的真实意图，是想要价格上的优惠，还是有其他目的。然后，再对症下药。

在实际工作中，当客户说"等你们做活动时我再来买"时，销售人员可以这样回复：

话术1

"我看您对厨房小家电方面的行情也挺了解的。相信您也知道一般的活动通常是针对老款产品的清货，像这种新上市的热门产品，即使做活动，打折的机会也不大；万一真的能够打折，让利的幅度也会少得可怜。所以，您还是不要等了。这样吧，为了能让您得到最大的优惠，我向经理为您申请一个会员折扣。您看如何？"

【点评】

这样的回答是在同理心的基础上先认同客户的意见，稳住客户，让客户留下来。随后，采用正面处理的方法，让客户明白做活动时也不一定就便宜很多，初步打消客户的念头，再通过会员折扣给客户面子和实惠，促使客户现在下决定。

话术2

"您希望能买到更优惠的产品，这我理解。不过我们的促销时间并不确定，上个月我们刚做过新品促销，下一次大规模促销至少要3个月以上，而且优惠的幅度也不确定。为了那么多的不确定，您得时刻关注我们何时做活动，您说这不是浪费您的时间和精力吗？如果您现在购买的话，您就可以在新产品的使用上先人一步。而且，今天购买还可以获得××公司送出的××，这是只有前十名购买者才可以获得的礼品，光这个赠品就值三百多元了，千万别错过这么难得的机会啊！"

【点评】

这样回答使用了两种技巧，一是适时地给客户施压，二是将现在购买的好

处与等待做活动再买的不利做个对比，促使客户立即购买。很多时候，购买就是一个追求快乐、逃避痛苦的过程，受这种心理的影响，客户在购买任何一种产品时，都会有防范心理。销售人员若是能把好处说够、问题说透，就能打垮客户的心理防线，促成交易。当然，也会碰到一些较为执著的客户，非要等到做活动的时候再来买。这时候，销售人员就不能再强留，但可以留下客户的联系方式，表示做活动的时候会通知其前来，这对一些高档品牌产品的销售来说是非常有效的。

其实，人们的消费行为始终受到消费心理的影响，如从众心理、攀比心理、求实心理、求廉心理等。并且，这些心理往往相互联系，共同影响人们的消费行为。因此，如果销售人员能举一些有代表性的例子，就可以影响客户购买的决心。

情景二

"产品不错，但我们没必要买"

——利弊对比，利用富兰克林成交法说服客户

【情景设置】

杜军是一家纺织化学研究公司的销售人员，近一段时期，正试图说服一家较大的毛纺厂接受一种洗涤新技术。总的看来，双方洽谈的气氛是比较积极的。但在最后的阶段，洽谈的焦点却转变到了对这项新技术是否值得接受的问题上：

杜军："郝总，您对这项新技术还有什么疑问？"

客户："从你们提供的资料上看，技术上是没有什么问题，也可行，但价格太高，而且这对我们有什么意义呢？"

杜军："郝总，您的意思是？"

客户："我的意思是这个新技术不错，但我考虑的是我们有没有必要买。"

如果你是杜军，此时会怎么做？

☐ 自信的说："您就放心的买吧！相信我，没错的。"

☐ 努力劝说："这个产品的效果绝对让您满意。"

遇到类似的情况时，大多数的销售人员都会采取上面两种方式的一种。然而，这两种方式并不能有效解决客户的疑虑。因为客户现在考虑的是购买的必要性，也即是购买产品的价值所在，能不能帮助他解决问题。此时，销售人员如果仅仅是拍着胸脯保证一下，几乎对促成客户购买起不到作用。因此，这种情况下，需要销售人员更清晰明确的向客户描绘出产品的价值。而要做到这一点，最好的方法就是富兰克林成交法。

富兰克林成交法又称理性分析成交法，就是鼓励潜在客户去考虑事情的正、反面，突出购买是正确选择的方法。换句话说，就是销售人员要承认产品存在的缺点，更要以优点来淡化缺点，当客户发现购买产品的优点多于缺点时，就会决定购买。使用富兰克林成交法的基本做法是在一张纸上画出两栏，呈"T"字形，左边写上优点，右边写上缺点。即把购买某产品的一切好处按照轻重缓急进行排序写在左栏，将客户感知到和可能感知到的不利点写在右栏，让客户对比，进而作出决定。

富兰克林成交法的基本格式如下：

优点	缺点
1.	1.
2.	2.
3.	3.
……	……

使用富兰克林成交法时，最好是销售人员写优点，客户写缺点。这种做法一是让客户积极参与进来，二是便于客户进行利弊比较，说服力更强。特别是当我们在纸上写下这些信息时，能让客户感觉到我们只是代表他把他的评估比较客观地记录在上面；同时，在时间和信息有限的情况下，客户不可能突然想出太多的否定因素，从而有利于销售的促成。这种理性分析看似繁杂，其实却能有效打动客户的心。尤其是对那些犹豫的客户，更需要用这种方法帮他作决定。同时，这种方法也适合于果断性和分析型的客户，因为这符合他们强调理性的特点；也适合于已有多次接触，彼此间建立了一些联系的客户，这能让客户更容易坚定购买决心。那么，在具体工作中，销售人员应如何回复客户这一异议呢？让我们看看销售高手是如何做的：

话术1

"郝总，我们可以仔细分析一下。您购买了这种新技术，可以降低洗涤成本；洗涤效果比您现在使用的技术高2倍；因为采用了环保技术，能够有效避免损坏原材料，降低原材料报废率；可以……郝总，难道您对这种好事就不心动吗？"

【点评】

这段回答主要是向客户分析购买产品后能获得的好处和利益，并逐条列出，形象直观地展现在客户面前，客户怎能不心动。

话术2

"郝总，您是有什么顾虑吗？您为什么觉得没有必要？"

【点评】

这种回复其实应该放在话术1之前使用，主要的目的是引导客户说出其认为不必要的原因。然后，销售人员才能列出更多的有针对性的优点，与客户提出的缺点形成强烈对比。这样一来，客户就更容易的做出决定。

当然，销售人员也可以自己独立使用富兰克林成交法，可采用这样的句式："如果这次交易可以帮您得到……（列出优点）的好处，您是否会考虑与我们合作呢？您再想想，如果您放弃了这次机会，您将会受到……的损失，您还会犹豫吗？"

情景三

"别人买的比我便宜"

——坦率承认，解释真实的理由让客户安心

【情景设置】

邵依依是一家管理咨询公司的课程推广人员，最近正在推广一项终端销售培训课程，她跟踪拜访了一位客户，在最后一次的拜访中，客户突然提出了这样的异议：

客户："这个课程要持续几天？"

邵依依："主讲老师安排了三天的课程，时间上可以根据贵公司的实际情况加以调整。"

客户："你说主讲老师是××对吧，我可是冲着他来的。"

邵依依："罗总，这个您放心，肯定是××老师的课程。"

客户："我知道。课程价格是多少？"

邵依依："您也知道××老师很受欢迎，预约培训的企业有很多，价格上稍高一点，是20000元。"

客户："20000元？不是18000元吗？"

邵依依："不是啊，××老师的课程一直是20000元啊？罗总，您是不是弄错了？"

客户："不会的，我朋友的公司上个月刚做完这个培训，就是他给我推荐的××，我问过他，18000元这个价格不会错的。"

如果你是邵依依，此时会怎么做？

□ 坚持说对方弄错了。

遇到类似的情况时，很多销售人员会采取上面的方式给予回复，不肯承认，坚持说对方弄错了，这样的回答通常会激怒客户。也许有些客户为了让销售人员降低产品价格，就故意这样说，用以试探销售人员。对于此类客户，销售人员可以直接忽视这个问题，或者以幽默的方式回复。而有些客户提出这样的异议却是真实的，就如案例中的客户是从朋友处得知的。对于这类客户，销售人员不应感到惊慌，反而应感到高兴。因为这证明了这类客户对我们的产品感兴趣，而且有购买的意愿。只要销售人员能够向他们解释清楚其中的缘由，一般情况下都会成交。对于此类异议，销售人员在坦率承认的基础上，可以采用以下方法予以化解：

1. 产品有升级更新或者改进，因此价格也需上调。
2. 诉苦法。
3. 对比法。让客户明白孰轻孰重。
4. 因为恰逢优惠活动。
5. 因为"别人"是公司的老客户，或者是VIP客户，所以能享受优惠。

以上方法中，第一种方法要求销售人员必须时刻清楚自己产品的变化，因为有时即使是细微的变化或者改进，如某个功能升级改进，或者增加了某个功能，甚至是包装上的小小改动都可能成为销售人员应对客户异议的一个好理由。同时，销售人员还应强化这个改进，将这个改进形容得非常重要，让客户明白多花一点钱也是值得的。

诉苦法主要适用于单纯的产品涨价，而客户恰巧又知道了别人买到的产品便宜的情况。此时，销售人员就可以装可怜，向客户诉苦，表示由于原材料涨价太快、公司成本太大或被迫跟着市场形势上调价格等不得不调价。对于这种解释，客户一般也会理解的。

这里的对比法其实是富兰克林成交法的衍生，我们知道客户购买任何产品都是为了解决问题，而所有的问题肯定都会给客户带来损失和麻烦。此时，销售人员就可以利用这一点向客户说明，虽然价格调高了，但调高的价格与客户的问题带来的损失相比较而言，显然是微不足道的，孰轻孰重一目了然。

第四种方法，任何公司可能在某个时间，如节假日、店庆、新品促销等特殊的时间做一些优惠促销活动，在活动期间购买就可以享有一定的优惠，而客户购买时间段则碰巧不是优惠段，此种情况可以向客户做出解释，客户一般都可以理解的。

第五种情况是很多公司为了留住客户会有这样一些鼓励政策，就是老客户或者公司会员享有打折、优先购买等特权，而客户恰好是新客户，或者没有达到某个级别，所以不能行使这个权利。当然，我们可以向客户表示根据其业务金额，他已经成为××级别的会员，下一次就能享有××权利了。这样一来，客户也就不再纠缠于此了。

在实际工作中，当客户以"别人买的比我便宜"等类似借口拒绝的时候，销售人员可以这样回答：

话术1

"罗总，是这样的。上个月××老师的课程确实是18000元。因为上个月是我们公司为庆祝成立10周年而特别进行的优惠活动，而您的朋友恰好把握住了这个机会，所以在价格上有了偏差。"

【点评】

这种回答的基础是实事求是，所说的优惠活动必须是真实的。也就是说，只要这是事实，客户肯定会理解，就算心有不甘，也只能后悔没有早点做决定。

话术2

"罗总，是这样的。这个月××老师在课程安排做了很多的改进，一是增加了很多培训内容；二是上课时间可以由客户的时间安排，比如为了不占用员工正常工作时间，可以在晚上讲课；三是培训方式上由原来的情景模拟、员工提问等增加了销售现场实践和话术提炼过程……培训效果更加明显。也就是说，虽然是同一位讲师，课程名称也相同，但实质已经升级换代，价格方面当然也会有一些变化。"

【点评】

这种回答也必须有事实基础，同时利用列举法直观清晰的向客户说明产品已经做了很多改进，而且这些改进对客户非常重要。这样一来，客户心理就会平衡点，认为多花点钱也是值得的。

话术3

"罗总，我们的价格确实上调了点。不过我记得，您曾经说过公司终端销售人员的销售业绩越来越差，很多老客户都渐渐流失了，您非常担心这样下去对公司发展不利。而××老师的课程正是致力于提升终端销售人员的销售技能，提高销售成交率。很多客户反映听了××老师的课后，一个月的销售业绩相当于以前一个季度的业绩总和。罗总，我相信您肯定也希望下面的销售人员个个都能成为这样的销售精英吧！到那时候，您获得的利润可不仅仅是20000元了，而是几十几百万了，您说对吗？"

【点评】

这种回答同时利用了对比法、例证法、数字法等销售技巧，既点出了客户存在的问题可能带来的后果，也说明了产品能为其带来的利益，同时向客户描绘了一个美好的情景。这么好的产品摆在客户面前，客户还能不心动吗？

实际上，对于此类拒绝还有很多其他方法，销售人员应在日常工作中加以提炼、总结。但需要注意的是，销售技巧、方法虽然很重要，更重要的是要诚实守信，学会为客户着想（为客户着想是顾问式销售的精髓），正如一位销售高手所说："销售勿需太多的技巧，顾问式服务本身就是最好的技巧。"

情景四
"产品倒是不错，不过太贵了"
——乘胜追击，用产品优势打消对方疑虑

【情景设置】

莫颜是某软件公司的销售人员，主要销售一款新的适合某个行业的单机版的财务软件。莫颜与某公司财务部经理沟通得很愉快。这天，莫颜再次去拜访客户，力争签下合同（假设报价是2300元）。下面是莫颜与客户的对话：

莫颜："唐经理，我又来拜访您了。"

客户："小莫啊，坐。"

莫颜："唐经理，您觉得我们这套软件怎么样，是不是特别符合贵公司的财务管理。"

客户："产品是不错，不过太贵了。"

如果现在你是莫颜，你该如何应对呢？

☐ 直接反驳客户，说这个价格已经是最低了。

☐ 立即给客户降价。

上面两种方式显然都不是最佳的应对方式。第一种方式，在最后的议价过程中，销售人员必须沉住气，不能急于与客户争辩。即使你说的是实话，客户也不会领情，反而会毁掉了之前好不容易与客户建立起来的信任。第二种方式，在即将成交的时候，不要轻易降价。否则，客户会认为价格有问题，有水份，就会不停地砍价。而销售人员一味地降价，就会把自己逼上绝路。为了解决这个问题，销售人员首先要明白客户这样说的潜在含义：

1. 产品价格确实高于同类产品太多。

2. 客户压价的策略。

3. 客人看准了这个产品，决定要买。使用"先嫌货，再来个回马枪"的策略，以争取更多的实惠。

对于客户提出的"产品的价格太贵了"这样的问题，严格来说还谈不上是一种拒绝。这实际上是一种积极的信号，因为这就意味着除了"价格太高"之外，客户已经接受了除这个因素之外的其他各个方面。销售人员要明白这样一个道理：很多时候，无论你的报价有多低，客户永远都会说贵，因为这对客户而言没有任何损失，但有可能从销售人员那里获得利益。也就是说，这只是客户下意识的条件反射而已。那么，此时，销售人员就要想办法得知客户说这句话的真正原因，然后再有针对性的进行化解。

在具体沟通中，销售人员要如何打消客户的疑虑呢？下面是销售高手的应对妙招，可以供大家参考。

话术1

"唐经理，我理解您的想法，不知道您说的"太贵了"是指什么而言的？是价格超出您的预算，还是和其他公司的软件比较而言呢？"

【点评】

首先，运用同理心肯定对方的感受；然后，运用引导性问题，让客户说出价格太贵的真正理由，这样才能对症下药。

话术2

"唐经理，我们公司的产品的价格确实要比其他公司高一点。但是，一分钱一分货，贵有贵的道理，我们的软件系统稳定，操作简单，功能强大，您用起来更省心。您看，这是某市场研究公司提供的研究报告，我们的产品比同类产品的用户投诉数量少40.6%，用户满意度高39%。买我们的产品，您会少操不少心，腾出时间做更多的事。"

【点评】

首先，认同客户的观点；随后，巧妙地引导客户的需求，将自己的产品优势展现给客户。这样一来，在无形之中就转移了客户的视线，将主导权把握在自己手中。统计资料显示，客户在选择产品时只有少数人仅仅考虑价格，而大多数的客户是把品质和服务摆在首要的位置的。因此，销售人员不能在价格上与客户过多纠缠，而应巧妙地转移到产品质量和服务或者外观设计、品牌形象、售后服务等方面。

话术3

"唐经理，之前您说过您每天花在对账上面的时间就有3个小时，而我们这款财务软件的授权使用时间是6年，也就是2100多天，这款软件的单机版价格是2300元，算下来，平均每天的成本才1元多，您觉得贵吗？每天用1元钱就能解决3个小时的对账时间，平均每个小时才几毛钱。您想想看，与每天花您几个小时的心血和不同公司厂家的业务员对账相比，显然前者更划算，您说对吗？"

【点评】

将产品价格进行分解，无形中就大大减轻了客户对价格的承受压力。这种方法很简单，就是把客户的投入分解成一天或者一个小时的费用。可以说，这是一个最有效的方法。

其实，解决客户认为"价格太贵"的方法很多，销售人员平时要多加练习，收集相关信息，结合自己的产品做出几个方案，在谈判中才能游刃有余。

情景五

"能不能再优惠一点"

——婉转拒绝，进一步强化产品质量或增加附加条件

【情景设置】

贾琳是某品牌电脑公司的销售人员，主要负责大客户销售，下面是贾琳与一位客户的对话：

贾琳："尚总，您好。今天我又来拜访您了？"

客户："小贾啊，快坐（客户示意贾琳坐下）。"

贾琳："尚总，关于电脑的事您考虑的怎么样了？我相信我们的产品完全能够符合您的要求，产品质量您更不用担心……"

客户："我知道，我对你们的产品也很满意。"

贾琳："那您还犹豫什么呢？"

客户："我还是觉得贵了点。"

贾琳："尚总，关于价格方面的问题我们之前已经讨论过，按照之前的沟通，每台电脑3200元的价格是完全合理的。"

客户："我知道，不过，我一次性购买这么多台，能不能再优惠一点。"

如果现在你是贾琳，该如何应对呢？

□ 直接回绝，说不行。

□ 主动降价，说"价格好商量"。

在销售过程中，讨价还价是很正常的一个环节，到了这个阶段，也就预示着销售已经成功了一大半。但当客户提出这样的问题后，销售人员还是不能掉以轻心，更不宜用以上方式应对。

第一种方式，直接回绝客户，这是强迫客户意愿的武断行为，客户很难接受。其实，即使推销的产品没有议价空间，客户提出要求，销售人员也要予以理解，如果措辞生硬的话，很容易引发客户的反感情绪。销售中常说的处理客户心情再去处理客户的异议，就是讲的这个道理。

第二种方式则是一种不战自溃的消极销售行为。况且，这样说很容易与客户陷入"价格战"中。

客户买东西时都会想要最大的优惠，这是客户的正常消费心理，并不是决定他买不买的主要问题。当消费者关心价格的时候，销售人员应当因势利导，让客户关注产品的使用价值，把客户关心的"贵不贵"改变为"值不值"！当然，销售人员也要注意一些议价原则和方法，例如：

1. 要求客户出价。尽量要求客户出价，找出差距和原因，采取响应措施。

2. 报价次数≤3次。报价议价的次数不要超过三次。价格频繁地降落与直线地下跌都会使客户越议越勇，恨不得挤干你的所有利润空间。

3. 落价比率宜越来越小。落价比率要越来越小。让客户意识到这已接近底价了。

4. 有条件的降价。有条件的降价，促进交易快捷圆满完成。如降价的同时可以提出立即签约、预付货款或增加购买量等有利交易完成的要求，这种情况较易被客户认同接受。

5. 尽量维持售价。即将成交的案子尽量维持售价，否则会让客户怀疑其中的水分太大。

每一次的销售过程都有自己的特点，具体问题应具体分析，灵活处理。当然，客户提出这种要求时，销售人员可分为两种情况分别对待。

第一种情况，如果产品没有议价空间，那么，就应有与之相应的理由来证明，如统一零售价、特别活动价等都是很好的理由。如果客户还是对此不满意，可以象征性的给予补偿性的利益，如赠送礼品、延长保修期等，以维护客户的面子。

第二种情况，有一定的议价空间，但销售人员也不宜轻易就降价，而是不断重复自己的困难，或想办法弄清客户的心理价格，然后再具体对待。

在具体销售过程中，销售人员可以这样回复：

话术1

"尚总，我也很想给您优惠一点儿，因为收到的货款反正不是我的，您说呢？不过，真的没有办法，这款电脑实行的是全国统一零售价，昨天有一个客户一次性购买了100台，享受的也是跟您一样的体验价，希望您谅解。"

【点评】

首先，运用同理心肯定对方的感受。随后，委婉的拒绝客户的要求，并解释其中原因，同时用实例向客户证明的确不能再优惠。

话术2

"尚总，这个价格已经是底限了，真的不能再优惠了。这样吧，我给您免费送货、安装、调试，每台电脑随机赠送一个带水晶头的5米网线。您看，这样可以吗？"

〖点评〗

如果销售人员确定客户会购买，而且依靠产品质量、利益点以及品牌影响力、售后服务等方面的优势还是转移不了客户对价格的穷追不舍，这个时候就要在力所能及的范围内通过其他方式对客户进行补偿，满足其利益心理。

话术3

"尚总，您认为什么价格对你更合适一些？当然，这个价格要让我能对我的老板交待，能对我的公司交待。我已经在我的权限范围内和我们老板的权限范围内给了您最好的折扣，但您现在认为什么价位您能满意呢？"

〖点评〗

如果产品有一定的议价空间，销售人员可以让客户亮出底牌，不要自己猜测，而是反问客户，即使用"反踢皮球法"踢回去。这样一来，销售人员就可以"有备而来"。当然，有些时候客户可能不会轻易亮出自己的底牌，这就需要销售人员通过多次暗示性的语言进行探寻。

话术4

"尚总，我们公司以前给客户的最大折扣就是九五折，而且是给购买量超过100台以上的客户。您看这样吧，如果您能再多购买5台，我还是想办法帮您申请这个优惠价，您看怎么样？"

〖点评〗

这样回复，一是对客户的提议予以正面回应，二是显示出要优惠很不容易，在此基础上给客户提出一个附加条件。这样一来，客户就会感觉自己赢了，心里就会很容易接受。需要注意的不要只降价，而应随时改变某些附加条件（如延长交货时间、减少某些服务、增加单批订货量，预付货款等）而适当调整价格，让客户感觉到自己的价格体系是很严格、科学的，利润空间非常有限，让步要有条件，否则合作很难。

在谈判过程中，我们知道，一般人都认为价格越高，服务就越好，一切会到位。但是，为了说服客户，最好做一个投入产出比。表明要做好这个项目需要的产品成本、服务费用、咨询费用、培训费用等，以及工作量的大小、人力资源的投入，等等，使客户觉得我们的实力是最强的，产品质量最可靠，而价格却是次要的。

情景六

"这后期维护费太高了吧"
——坚持立场，合乎情理地让客户知道维护服务的好处

【情景设置】

柳妍是一家网站设计、建设公司的业务员，主要负责拓展新客户、下面是柳妍与一位客户的对话：

柳妍："谢总，您好。很高兴再次见到您。"

客户："你好。你是××的销售员柳妍吧？"

柳妍："是啊，谢总您记性可真好。那您再猜猜我今天来是为了什么？"

（由于是第二次见面，柳妍见客户还认识自己，并且态度很亲切，于是向客户幽默地问道。）

客户："呵呵，是关于网站建设的事吧。"

柳妍："您猜的没错。谢总，我们公司的相关资料您肯定已经看过了，上次我也向您做了一些介绍。您打算什么时候开始做网站呢？"

客户："最好是尽快。不过，还有一个问题我想问清楚。"

柳妍："您能具体说说是哪方面的问题吗？是我没向您解释清楚吗？"

客户："你们公司的实力、产品设计方面我很满意，就是免费维护一年半后，需要付费维护，这是什么意思？"

柳妍："谢总，是这样的……"

客户："哦，不过，这后期维护费太高了吧？"

如果现在你是柳妍，该如何应对呢？

☐ 直接反驳客户说"网站后期维护这方面，市场上都是这样的价格"。

☐ 向客户解释说，我们公司的后期维护费用已经是全行业最低的了，其他公司的更高。

上面这两种方式肯定都不会得到客户的认可。客户说这句话时的潜在含义是让销售人员说服自己，或者是想获得一些优惠。第一种方式，销售人员这样生硬的回答，客户感觉不舒服，就算这是实情，客户也很难接受。第二种方式也不太合适，在客户眼里，销售人员报价再低，他们也觉得高。如果这样回答，客户的感觉就是"狡辩"，就有可能在这方面说不清楚了。

在销售过程中，客户常常出于自身利益的考虑，可能会提出一些不合理的要求。面对这些不合理的要求，销售人员要明白销售的目的是为了与客户达成协议。但是，如果客户提出的某些要求太过分，答应了就会付出较大的代价，这样的情况下，就应当仔细考虑考虑。如果利大于弊，可以答应客户的要求，当然，要有原则地答应；如果弊大于利，就一定要勇于说"不"，因为企业是靠利润生存的，赔本的买卖是没人去做的。此时，拒绝客户的方法有：

1. 开玩笑或运用幽默的方式来拒绝客户。

2. 委婉指出他的要求已经不属于自己的权限范围了。

3. 当确实不能接受客户的要求，而且又不忍心让客户失望时，可以推荐其他公司给客户。

4. 有条件的答应客户的要求。

当然，在拒绝客户时，销售人员首先要注意弄清具体原因；其次，要做好解释工作。要让客户明白为什么办不到，做到有理有节，不伤害感情。那么，当客户说"后期维护费过高"时，销售人员要怎么办呢？答案是坚定立场，向客户合情合理的解释后期维护的重要性，具体可以这样参考下面的说法。

话术1

"谢总，我非常理解您的想法。以前很多客户建设网站就是注册一个域名，申请一个虚拟主机，然后请人做个网页，加几个链接，这样就可以了。其实，远不止这些！做网站要有作用，这才是硬道理。我们最熟悉的一项服务是网站竞价排名，为什么有些公司后期排名会下降，就因为没有及时进行维护。再者，网站后期安全问题也很重要，例如黑客攻击、病毒侵染、服务器不稳定、网页打不开、反应速度慢以及网站的不断更新，等等。只有保证网站的正常运行，才能吸引更多的客户浏览，您说是不是？"

【点评】

首先，运用同理心肯定对方的感受。随后，向客户解释为什么要进行后期维护。只要陈述明白其中的利害关系，让客户意识到后期维护的重要性，客户自然就不会再排斥价格了。

话术2

"谢总，我们公司设有专业的客服，提供24小时网络维护，维护项目多，服务及时周到，在客户中享有很好的口碑。另外，网站建设完成后，我们还提供免费18个月的后续维护服务，据我所知，其他公司都没有这么长的免费维护时间。谢总，您愿意放弃这么好的后期服务吗？"

【点评】

利用公司提供的服务优势打消客户的疑虑，再用竞争对手无法提供的优点吸引客户，客户自然就不会再拒绝了。

话术3

"谢总，这个我已经替您想到了，并且请示过我们老板，我们老板说如果贵公司的电子商务平台也让我们做的话，这两个网站的后期维护费用可以优惠10%。您看，这样可以吗？"

【点评】

首先，诚心诚意的表示自己已经提前为客户争取过优惠，客户就会感到很开心。然后，暗示客户争取这个优惠有很大的困难，再提出附加条件，这样客户就容易接受。

总之，当客户提出这样的异议时，销售人员既不能一味顺从也不能生硬的拒绝，而应该坚持自己的立场，合乎情理地让客户知道维护服务的好处。只要客户意识到花这些钱是值得的，那么所有问题就都迎刃而解了。

情景七
"能不能不预付那30%的货款"
——耐心说明理由，让客户明白是在保护其的利益

【情景设置】

白静是某食品包装机械设备公司的销售人员。经过多次沟通，白静与客户乔金已经建立了良好的信任关系，而且，客户已有购买意向，下面是白静与客户的一段对话：

白静："乔总，早上好。"

客户："是白静啊，早上好。坐。"

白静："乔总，上次您说要看一下这套设备的操作规范的视频资料，今天我给您带来了，您看一下吧。"

客户："好的，等一下，我让生产部主任过来，我们一起看一下。"

会议室里，视频播放完毕。

白静："乔总，看过视频之后，您觉得怎么样？是不是比以前的设备操作更简单，更有效率。"

客户："是不错。"

白静："既然如此，乔总，您看您对这套设备质量、价格、售后服务等各方面都很满意，您看我们什么时候过来给您安装？"

客户："呵呵，不急。如果现在购买的话，什么时候能送过来，你们负责安装、调试和培训吗？所有工作需要多长时间？时间长了可不行，停产一天损失可是巨大的。"

白静："这个您放心，我们的安装调试人员都是专业技术人员，速度很快。培训方面，我们会尽量配合您这里的计划。"

客户："那就好。不过，我们公司现在资金有点紧张，能不能先不预付那30%的货款？呵呵。"

如果你是白静，现在该如何应对呢？

□ 向客户解释：这是公司规定，自己无能为力。

□ 向客户妥协，说商量一下再回复。

很多时候，到了成交的最后关头，客户都可能提出这样的要求。此时，如果销售人员利用以上两种方式回应，就可能使一切努力付之东流。第一种方式太过软弱，虽然销售人员说的是实情，但在客户看来是敷衍之词，没有诚意。而且，客户只关心自己的利益，他不会管你有没有规定。第二种方式则是彻底掉入了客户的"圈套"，而且，这样说就等于葬送了已经到手的订单。如果此时有竞争对手过来趁虚而入，那销售人员就只有后悔的份了。

一般而言，客户这样说是因为他们不放心，担心付了款货不对路或者出现其他的问题。因此，销售人员要做的是拿出一些证据证明自己公司的实力和信誉，特别是第一次打交道的客户，最好先请客户到公司视察或拿出一些有力的证据证明自己的诚信，获得客户的信任。当然，如果跟踪的客户是大客户，比如业内比较有名气的公司，这些公司的实力和诚信摆在那里，销售人员可以答应对方的要求。但是，如果你不能证明客户的诚信问题，就要明确暗示客户这是业内不成文的规定，大家都在遵守。预付款是诚信的一种体现，拒绝预付款将不能继续合作！然后做到以下几点：

1. 签订正规的合同，明确付款方式。

2. 不预付款最好委托第三方代收货款，采取验货收款。如果对方不付款，就有诚信问题，产品运回，至多损失运费。

3. 使用支付宝的方式也是一个很好的办法。

当然，也要具体情况具体对待。如果这种产品对客户来说具有唯一性（如只有其能用得上），就一定要收预付款，而且最好是收50%以上！如果产品具有普遍性，客户不要还可以销售给别人，那就可有可无；如果是业内规定，就要向客户解释清楚，同时说明预付款的好处。具体应答可以参考下面的话术。

话术

"乔总，您误会了，其实这是分期付款。我们完全是为客户利益着想，因为一次性付清全款，您肯定会有顾虑。这个预付款有两方面作用，如果您最终对这套设备很满意，决定采用，那么这算是分期付款的第一笔；如果您觉得不合适，那么这30%的预付款我们如数退还——毕竟您前期停工、拆除原设备是您购买设备的诚意，而我们送货、安装、调试、培训也表现了我们的诚意，双方以诚相待，这是商场不变的原则，您大可放心。"

提到预付款，客户就会本能的认为这是押金，是对销售人员有利。此时，销售人员换个角度，指出预付款是从客户角度着想的，是对客户有利的。这样一来，客户就会减少戒心，同时给对方一个可以退还的承诺，客户就会放下心来。

话术2

"乔总，真的不好意思。我们公司的财务管理实在太严格了，我也希望帮您申请到。不过，实在没有办法。如果您担心付了预付款后，我们公司不给您进行安装调试培训，您可以到我们公司实地考察或者到××公司现场参观一下（或者说'如果您担心资金安全性问题，您可以使用第三方代收货款的方式'）。您看怎么样？"

向客户解释自己实在没有办法，利用引导性问题问明客户不愿意付预付款的原因。然后，再有针对性的解决问题，如实地考察、第三方代收货款等，打消客户的疑虑。

话术3

"乔总，我可以向您确认一个问题吗？您说公司经费预算有困难，是吗？那这样好不好，乔总，我非常信任您，也很想帮助您，我尽量向公司申请，让您少付10%的预付款。您看，这样可以吗？"

不管客户是否真的资金困难，如果确定客户很有诚意，而且讲究诚信，那么，完全可以做出一些小的让步，既满足了客户的要求，也不违反公司规定。这也是一个不错的解决方法。

总之，当客户拒绝付预付款的时候，销售人员要想办法证明公司的实力和信誉，让客户放心。同时，让客户明白预付款是对他自己有利益，客户自然就不会再坚持了。

情景八

"不好意思，我今天没带那么多现金"
——敲山震虎，先稳住客户，再用"限制"刺激客户的购买欲望

【情景设置】

田甜是一家电动车专卖店的销售人员，这天，店里进来一位客户，下面田甜甜与客户的对话：

田甜："先生，您好。您需要电动自行车还是电动三轮车？"

客户："我想看看电动自行车。"

田甜："这边请，您是自己使用，还是给别人买。"

客户："我自己用。"

田甜："那您看看这款，很多男士都很喜欢这款电动车，提速快，车架牢固。您可以骑上去试一试。"

客户试骑了好几款电动车，最终询问了销售人员最初给他介绍的那款电动车的价格。

客户："还是这款感觉好，多少钱？"

田甜："这是公司的主打产品，还不到2000元、1860元。"

客户："1860元……不好意思，我今天没带那么多现金。回头再买。"

如果你是田甜，现在该如何应对呢？

☐ 附和对方，回头再买。

☐ 直接揭发客户的"谎言"，或者冷脸相待。

以上两种方式都不是优秀的销售人员应该的表现。第一种方式，附和对方的意思，说"回头再买"，其实就是推走了客户，客户回头再买的几率很小。

第二种方式，有的销售人员会不留情面的问客户："你是买不起还是不想买？"甚至冷脸相待，不再理会客户。这样的销售人员只能说人品有问题，不管客户这样说背后的原因是什么，销售人员都没有权利这样质问客户，这样气走的可不只是这一个客户，而是很多客户。

一般来讲，人都有看有多少钱再决定花多少钱的习惯。所以，碰到这样说的客户，理论上讲还是有希望的。解决的办法主要是要摸清客户的真实想法：

1. 现金真的不够。

2. 对产品还有疑问。

3. 想让销售人员给予优惠。

4. 拒绝的借口，随便看看，不想买。

客户的购买心理是多种多样的，多站在客户的角度想想，反而能更好的向客户推销产品。那么，在实际销售中，遇到这种情况，销售人员要如何应对呢？下面是一些销售高手的应对话术，供读者参考使用。

话术1

"没关系，只要您喜欢，什么时候来买都可以。这款电动车真的很适合您，款式，颜色时尚，速度快，还结实。这款车特抢手，销量很好，就剩下这个颜色和蓝色两个颜色了，我可不敢保证您下次来一定还能看到它。呵呵，不过您可以预付定金，我给您留着，这样就万无一失了，您觉得怎么样？"

【点评】

先认同客户的观点，给客户一个台阶下；接着，表述产品的优势，用限制销售法打动客户，一般都能成功的留下客户。不过，假如客户一去不复返怎么办？那就要进一步"加压"，就像话术中那样，销售人员提示客户库存不多，想以此诱发客户对未购买心仪产品会遭受损失的恐惧心理。这种策略有时很有效，但也有弊端，特别是对于那些价格不菲的产品，客户一听可能随时卖光，又抽不出时间再来看，很容易生出另做打算的念头。

话术2

"不要紧。您打算要什么价位的？您看看这款车，卖的也不错……"

【点评】

遇到这样的客户，销售人员要注意观察客户的表情、动作等，如果客户觉得太贵，不想买，就可以向他推荐适合他心理价位的产品，不能一心为了销售业绩而不考虑客户的实际支付水平。只有真正站在客户的立场上，从客户的切身利益出发，客户才能感受到销售人员的真心，也才会真正舍得掏钱购买你给他推荐的产品。

其实，面对客户的拒绝，销售人员都应学会观察客户的表情、身体语言等，这些通常是一个人的下意识行为，它比语言更诚实。细心观察客户的表情以及身体语言，更有利于销售人员了解对方的心理变化和情绪感受，这样就能采取更正确的沟通策略了。

情景九

"我再考虑考虑"

——步步为"赢"，用限制法和利益法刺激客户

【情景设置】

某国际知名的杂志社寻找客户在自己的杂志上刊登广告，周威就是其中的一名广告业务人员。一次，周威遇到了这样一种情况，经过多次预约，客户答应了他的预约请求。见面寒暄后，周威开始向客户介绍自己的产品。

周威："习惯上，我们许多工业企业都比较偏向通过展会作为推广产品的首选，认为展会更加直观，更加能够零距离接触到潜在买家，但参加展会的费用比平面媒体高得多。事实上，企业在行业杂志投放广告也是必须的，不然，同行都投了，你们不投，就感觉在行业里没有什么业绩。所以，在平媒投广告是企业在行业保持活跃度的重要方式。况且，我们杂志相对于其他工业杂志，优势很多……"

听完周威的介绍，客户似乎有些心动，但还是没有松口。周威认为客户已经心动，于是趁热打铁，接着说："方总，您看我们杂志的读者，很多都是您的潜在客户，如果您在我们杂志刊登广告，您的品牌在客户中的影响力将大增。您不如就签一年的单子试试看吧？"

"嗯……你们杂志确实不错，你再让我考虑考虑。"客户谨小慎微地回复道。

如果你是周威，现在该如何应对呢？

☐ 顺应客户，说"那我再等等，改天再来"，然后告别客户。

☐ 立即用返利、优惠等条件诱惑客户。

☐ 劝说不必再等，否则就会失去机会。

☐ 让客户尽快做决定，说不想让竞争对手抢了先，然后告辞，等候佳音。

"让我再考虑考虑"是销售人员在销售过程中经常遇到的拒绝话语。面对这种拒绝，有些销售人员当场会做出以上几种反应的一种，但这几种方式都有不妥之处。

第一种方式，顺应客户是把主动权交给了客户，最后的结果可能就是当你再次来拜访时，对方会告诉你："对不起，我已经选择别家了。"

第二种方式，在没有弄清客户的真正意图时，就贸然向客户提出返利、优惠等让步条件，如果这个让步不是客户所希望的，销售人员就会吃"哑巴亏"。

第三种方式，这种方式过于直接、生硬，有"霸王硬上弓"的嫌疑，客户肯定不能忍受。况且，当客户说"我需要更多的时间来考虑一下"的时候，对方并不能确定从你这里购买是不是一个好的选择。客户所需要的是一种心里踏实、放心、安心的感觉，而销售人员的强势销售只会让其心有疑虑。就算客户最终妥协了，他也会在稍有不妥的情况下萌生悔意，之后立马毁约。

第四种方式，虽然也是顺应了客户的意思，但这种生硬的语气和措辞很容易让客户觉得销售人员是在较劲，不利于双方的关系。而且，一般情况下，对方也不会主动回复。

精明的客户通常以考虑为由，借机争取更多更大的利益，销售人员如果听之任之，这盘棋就死在自己手里了；如果以退让来求和又不甘心。正确的做法是顺着客户意愿，暂停推销节奏，从客户的立场出发，问客户几个重要的问题，让客户主动暴露自己的目的。

1. 对于目前我们所讨论的问题，哪些部分对您来说最有价值的？

2. 您觉得我们接下来应该做什么？

3. 您难以现在就决策的理由是什么？

第一个问题可以增加客户对销售人员的信任，该问题强调什么使得产品对客户具有吸引力，而且能让客户有机会阐明自己对产品的看法。如果客户能指出自己对产品感兴趣的地方，销售人员就应该以此为基础引导销售的达成；如果客户回答说产品对于他们来说实在是没有一点吸引力，表明这个客户也许就不是适合你的客户，及早停止推销，免做无谓的努力。

第二个问题有助于促成销售的达成，而不显得过于迫切。客户肯定了产品的价值点，他也许会寻找其他的"证据"来证明产品价值。比如，获取样品或试用，与以往其他客户进行通话交流，又或者用其他的方法和途径来审查产品和服务。其实，客户这样做很好理解：普天之下的客户不会只单纯相信销售人员的言辞，还必须要看见哪些事情能证明产品的价值。

第三个问题有助于销售人员弄清客户的真实目的，但这种表达方式有点激烈，要谨慎使用。使用时，要注意用面部表情和身体语言缓和给对方带来的压力，不要剑拔弩张、怒目而视，更不必做一些不必要的动作。要带给客户潜在的适度压力，让他们不得不说出自己的观点。

在销售行业里有一个一成不变的定理：客户迅速购买产品的关键点就是发现产品的价值大于他的心理预期。反之，当客户接受销售人员的建议却还是提出考虑时，证明产品价值还没有达到他的心里预期。因此，销售人员要从客户的言行中发现这些未被满足的需求，一一给予满足。如果不能满足客户的需求也不必勉为其难，可以从相反的方向入手，帮助客户消除这些"不合理的愿望"。具体可以应用以下方式化解：

话术I

"方总，我刚才是不是什么地方没有向您解释清楚？所以，您说要考虑一下呢？"

【点评】

在这种情况下，客户对产品感兴趣，但可能是还没有弄清楚销售人员的介绍（如某一细节），或者有难言之隐（如钱不够、没有决策权）不敢决策，再就是推托之词……所以，销售人员要利用询问法将原因弄清楚，再对症下药，消除客户的顾虑。

话术2

"方总，您可以慢慢考虑。不过，您也知道，好的广告位置的数量是有限的，如果因为您考虑的原因而好的广告位置被其他公司预定了，那就恕我无能为力了。"

【点评】

在挖掘了客户的问题点之后，销售人员要做的就是趁热打铁，继续让客户明白，如果问题拖延下去只会损害客户自己的利益。不过，这种说法可能强势了一些，要注意使用时机。

话术3

"方总，您说的完全正确，效果的确是每个企业最关心的问题。这样吧，为了让您放心，我提供一些我们杂志社以前以及现在正在登广告的客户名单和电话给您，我相信他们能给您满意的答案。"

【点评】

这是在探知客户担心投放广告后的效果如何的问题上所做的应对方式。这样用真实的客户案例向客户证明，给客户信心，让客户安心的做出决定。

话术4

"方总，如果您现在下订单的话还可以享受到我们杂志的周年纪念优惠价。不过，优惠时间马上就要截止了，到时候又要恢复原价。既然您迟早要买，不如……"

【点评】

这个方式也是在探知了客户的问题点之后，针对对价格有异议的客户的应对话术。其实，就是销售人员利用限制法为优惠设立了一个截止日期，让客户有一种紧迫感，快速做出决定。这也适用于那些犹豫不决的客户。

有时候，客户也不是真的要考虑，而是犹豫的个性让他们拿不定主意，其潜在需求就是一个合理地选择。例如，假如案例中的客户是因为不知道选择哪

个广告套餐而要考虑，销售人员可以这样帮助客户选择："方总，这两款都很适合您，我有两个建议，第一个是选择A款，因为……；当然，如果您也可以分两个阶段进行投放，第一个阶段用C款，第二个阶段用B款，这样搭配……"这样回复的精明之处就在于提供了两个选择，客户不知不觉地掉入了"二选一"的限制中。于是，客户就会很容易的决定了。

情景十
"你先回去，我们得商量一下"
——大事化小，巧妙回话"钩"住客户

【情景设置】

某培训公司的销售人员于枫拜见一位客户，介绍完相关课程后，于枫感觉到客户很有兴趣，于是进一步促成交易，但就在最后关头，客户却拒绝了，具体过程如下：

寒暄过后，于枫转入正题。

于枫："霍经理，我寄给您的相关资料相信您已经看过了吧？×老师有多年的销售工作经验，特别是在电子产品行业有宝贵的经验，之前服务过多家知名企业，实力是有目共睹的。"

客户："我知道×老师，在我们这个行业非常出名。我也很敬重他，看过你寄的资料后，我也在网上看了×老师的博客，觉得真的不错。"

于枫："能得到您的认可实在太好了。霍经理，如果您对我们安排的讲师、培训课程都很满意，您看我们什么时候开始进行培训呢？"

客户："这个我还决定不了。这样吧，今天你先回去，我得和人力资源部商量一下。"

如果你是于枫，现在该如何应对呢？

☐ 顺从客户，让客户商量好之后联系自己或者改天再来。

☐ 对客户说："这个真的很适合贵公司，还商量什么呢！"

☐ 无言以对，收拾东西准备告辞。

以上几种方式都不妥当。第一种方式，给人以没有做任何努力，并且还有被驱逐的感觉。第二种方式，给人感觉太强势，容易招致客户的排斥，毕竟客户要决定购买一样产品或服务，可能与很多人很多部门相关，与人商量也是很正常的事情。第三种方式则显得太消极，没有做任何努力争取客户的生意，客户也会感觉不舒服，从而不再理你。

在销售过程中，销售人员经常会听到这样的拒绝。此时，销售人员要明确这件事是否需要第三方参与。如果所推销的产品相对很复杂，确实需要与人商量，销售人员就不能强迫客户做决定。但是也不能任由客户自己去找人商量，而是自己也参与进去，主动推动整个销售流程往前走。如果所推销的产品，客户一个人就能做主，就说明客户心里有顾虑。此时，要做的是询问客户到底有什么顾虑，然后再采取正确的处理方法和应对措施。在这里，销售人员必须注意一个问题，在销售中，特别是面对大客户时，决定成败的往往不是一个人，而是一群人。销售人员只有将关键决策人"一网打尽"，才能尽量减少障碍，确保销售成交。也就是说，要想成功销售，就要找准决策人，只有找准目标，才能攻坚。否则，未来一切的努力都可能是盲目的，其结果自然也是可想而知的。

一般情况下，销售人员可以多加观察，引导客户，最好能在一开始就找对人。

1. 确定家庭决策人。对于一个家庭来说，通常是由一家之长来作出购买决策；同时，每一个家庭成员的意见都可能影响到最后的购买决定。所以，这就需要销售人员在沟通中把握好度了。

2. 根据销售目的，对号入座。不同的销售目的要对号入座去拜访不同职位的人。如想要客户购买新产品，就一定要拜访采购经理；如要客户支付货款，必须采购和财务人员一起找；若是要加大产品的推介力度，最好是找一线的销售和营业人员，切忌盲目推销。

总之，作为销售人员，一定要具备敏锐的洞察力，不管是第一次与客户打交道，还是进行产品演示，事先都要调查清楚，到底找哪个人交谈才能得到明确的结果，哪个人有决定买或不买的权力。此外，还要了解身边的围观者或旁听者跟决策人都是什么关系，以及这些人具体负责什么业务，哪些人能助自己一臂之力，等等。一切调查清楚之后，再进行交谈，这样的沟通才是最有效的，也可以最快地实现预期目的。那么，在销售过程中，客户以"我得与××商量一下"拒绝你的时候，销售人员要如何应付呢？下面看一看销售高手的回答：

话术1

"嗯，好的，毕竟组织一场培训也是人力资源部门的事情，和他们商量是应该的。不过，霍经理，我可以请教您一个问题吗？通常，在您的公司，要组织一场培训，程序上要怎么走？"

【点评】

这样的回复先认同客户的观点，再提出问题，客户更容易接受。提出问题的目的是明白其具体购买流程，探明客户说这句话的真实含义，并尽可能让客户帮助自己与真正的负责人联系，达到预期目的。

话术2

"霍经理，您是销售部门的主管，您应该有这个权力吧？确实，我们沟通的时间不长，这正说明我们对对方都没有什么异议。而且，依靠您的权力和地位，应该能决定签下合约吧！"

【点评】

有些人只要手中有权力，就会有显示自己的权力的欲望。如果有人质疑他的权力和威望，那绝对是他不堪忍受的事情。如果销售人员能确定客户是这类人的时候，就可以在不经意间显示出对客户权力的质疑，刺激客户。那么，对方一定会做出一些举动来证明销售人员的想法是错误的。如此一来，我们的销售目的也就达到了。

话术3

"是的，我明白。这样吧，霍经理，我们先签订合同。现在×老师正在我们公司进行××培训课程，您亲自去体验一下，怎么样？如果您不满意，我们立即终止合同，对您来说也没有什么风险。"

【点评】

这种说法可以把"是否购买的决策"（大决策）变成"是否体验的决策"（小决策）。对于"大决策"，客户在一般情况下会抗拒，而对于"小决策"就比较容易接受。有统计表明，如果准客户能够在实际承诺购买之前先行拥有该产品，交易的成功率将会大为增加。也就是说，这种说法可以有效降低客户的心理抗拒。

在销售过程中，如果你真的对客户的信誉有信心，对自己的产品有信心，不要急于让客户立即做决定，而要变成试一下、体验一下、完全无风险之类的说法，让客户"先试后掏钱"。这样一来，产品对客户的吸引力就会急剧上升。

情景十一

"说真的，我觉得你们的产品不算太好"

——火眼金睛，看透对方心理好说话

【情景设置】

姗姗是某房地产开发公司的售楼小姐，一天，一位年轻的男性客户来看

楼，了解了客户的一些需求后，姗姗向客户推荐了一个楼盘。下面是姗姗与客户的一段对话：

客户："嗯，这个户型都有多少平的？"

姗姗："50~80不等，都是一室一厅一卫的精装房。"

客户："多少钱一平米？这套60平米的售价是多少？"

姗姗："每个小区不同，售价也有所差别，总体在30万元~50万元不等……"

客户："哦，那这个小区的呢？"

姗姗："这个楼盘环境好（介绍优点）……先生，根据您的要求，我觉得这个楼盘特别适合您。"

客户："嗯，这就是我想要的那种户型。"

姗姗："您也是'80后'吧，像我们'80后'追求的是简单、自由、无压力，这个户型就是针对'80后'的要求特别设计的，总价低，品质还好，您看怎么样？"

客户："呵呵，说真的，我觉得这个楼盘不算太好。"

如果你是姗姗，现在该如何应对呢？

☐ 急忙反驳，说这个楼盘很受欢迎。

☐ 沉默以对，被动等待客户的反应。

"我觉得你们的产品不算太好"，客户说这句话的潜在意思就是不相信产品质量，或者对产品的某一属性不满意，当然，也可能是客户想要获取优惠的策略，也可能只是一种拒绝。不管是什么原因，销售人员此时都要镇静，保持热情的态度。即便客户提出的异议是毫无根据的，也应该耐心倾听。但是，在现实中，很多销售人员听到这样的话时，总是错误的用以上两种方式应对。

第一种方式急于反驳和辩解。这样的回答是没有站在客户的立场考虑问题，只是从自己的角度去宣传产品或服务的质量。没有询问客户这样说的真正原因，因此无法说服客户。况且，在销售中，仅凭三言两语就说服客户是很难办到的。有时候，越是急于辩解，就越是弄巧成拙。

第二种方式是消极被动的表现，这样的销售人员无法取得好的业绩。

在销售中，销售人员应该明白：不是每次拜访或者每次销售都能成交，客户总会有拒绝、有异议的时候。因此，销售人员要做的是弄清客户拒绝的真正原因，并且进行针对性的解释，只有这样才能真正把握住客户。当然，要分辨客户的真实意愿，除了在语言上进行引导、询问外，销售人员还要练就一双"火眼金睛"，观察客户的身体语言，看透对方的心理。在沟通过程中，客户的身体动作包括很多种，最能表达信息的身体语言是眼神、面部表情、手势或身体动作的变化，关键就在于销售人员能够注意观察，认真体会。

1．眼神变化。（1）瞳孔放大，表示被销售人员的话所打动，已经在接受或考虑产品或建议了。（2）客户回答销售人员的提问时，眼睛不正视你，甚至故意避免和你目光相接，表示他的回答是言不由衷或另有打算。

2. 表情变化。（1）皱眉，表示不同意销售人员的观点，或对产品持怀疑态度。（2）面无表情，表明销售人员的说服没有奏效，说明客户已经在开始拒绝。（3）面带微笑，表示了客户的友善、快乐，也意味着认同了销售人员的产品。

3. 手部变化。（1）双手插入口袋中，表示客户处于紧张或焦虑状态。（2）不停地玩弄圆珠笔、火柴盒、打火机或名片等小东西，说明对方内心紧张不安或对产品不感兴趣。（3）用手敲头或用手摸后脑勺，表示正在思索、考虑。（4）用手搔头或用手轻轻按着额头，表示困惑或拿不定主意。（5）用手抚摸下颚，表示在思考或心神不安。

4. 身体变化。（1）垂下头，表示思考。（2）顿下颚，表示认同销售人员的建议或推荐的产品。（3）下鄂上扬，鼻孔朝着对方，表示藐视对方。（4）低头不语，并用手触摸鼻子，表示犹豫不决。（5）讲话时低头揉眼，说明在撒谎或没有完全讲出真相。（6）搔抓脖子，表示犹豫不决或心存疑虑。（7）捋下巴，表示正在考虑做决定。（8）交叉手臂，表示不赞同你的产品或拒绝你的建议。（9）把双脚叠合起来，表示拒绝或否定。（10）不时看表，表示客户已经在下逐客令，不想再花时间继续谈下去或有其他紧急的事情要办。

总之，在销售的过程中，如果只是单纯的听客户说话来判断客户的心理，一般会出现偏差，会经常出现心口不一的情况。所以，要想更好地了解客户的心理，你就要读懂客户的身体语言。通过观察客户的身体动作来洞察其内心的真实想法，及时体会其内心变化，捕捉客户的所思所想，进而赢得客户的认可，促成成交。那么，在具体工作中，当客户这样拒绝你的时候，销售人员要如何正确的应对呢？下面是一些销售高手的回复：

话术1

"您不介意我问您为什么这么想吧？"

【点评】

在听到客户表明异议后，不要急于发表反对意见，要让其继续说明自己的观点。如果对方没有说下去，销售人员就要用提问来引导其详细阐述自己的意见。如果有必要，可以用自己观察到的理解阐述客户的反对意见，千万不要和客户进行争辩，尤其更不能争吵。

话术2

假设客户说楼盘位置太偏了点，上下班很不方便。接下来，就可以这样说："这取决于个人的认识，我承认我们楼盘的位置是有点偏远。但是，从另外一个角度来看，你就会觉得位置的偏远是非常值的，正因为位置稍偏，才有我们楼盘这么优美的环境。现代人的居住意识有了改变，买房就是为了生活，如果没有一个良好的环境，生活的质量就会下降许多，这是其一。其二呢，正因为位置偏远，所以价格才低。以我们楼盘的价格，在市区是不可能买到同样大的房子的，可能只能买到市区楼盘的一间房。其三，我们考虑到了位置偏远这个不足，开通了专线巴士，每半小时一趟，直达市区多个繁华街区，这完全解决了上班一族的忧虑。您说我说得对吗？"

【点评】

客户的挑剔会令很多销售人员反感，如果把反感情绪表露出来，客户会把挑剔变成挑衅。因此，此时，销售人员要在看透客户心理的基础上，针对具体问题具体分析。

不管怎样，面对客户的此类异议，销售人员要用自己的"火眼金睛"看透对方的心理，进而采取针对性的说服话术以促成交易完成。

情景十二
"这个……我看下次再说"
——适度"威胁"，放大痛苦让客户主动接受

【情景设置】

常远是一家保险公司的保险销售员。一次，常远去拜访一位完全有能力购买家庭保险的客户，但不论他怎么劝客户投保，客户总是提出异议，并且进行了一些琐碎且毫无意义的反驳。这时候，常远意识到，客户肯定是在拖延。于是，常远开始想办法弄清客户拖延的原因，他凝视着客户说："先生，实际上您已经非常清楚家庭保险的要求了，而且您也有足够的支付能力，您也很爱您的家人。但我不明白的是，您为什么还是不能下定决心购买保险呢？"

客户："我想再考虑一下。"

常远："是我没向您介绍清楚吗？还是您有什么顾虑？需要再考虑一下？"

客户："这个……"

常远："其实，考虑一下也是应该的，但是当有客户要考虑时，我就好担心，您知道为什么吗？因为保险就是买时间，我们谁也不知道自己下一刻会发生什么事？您说是不是？我们还是赶快定下来吧。"

客户："这个……我看下次再说。"

如果你是常远，现在该如何应对呢？

☐ 无奈地放弃。

☐ 苦口婆心地再次劝说。

销售人员经常遇到这种情景，与客户谈的很顺利，一切都说的很明白，客户也已经意识到购买产品会得到的好处，但就是拖延，犹豫不定，对销售员说"下次再说"。这时候，一些销售人员就可能沉不住气了，选择无奈地放弃。这样做就等于是自己拒绝了客户的单子。有的销售人员面对这种情况，则是锲而不舍地再次劝说客户，但效果显然并不太理想。其实，在这种情况下，销售人员可以换一种方式，适度"威胁"一下客户，晓以利害，从心理上威慑客户。这种威慑是对客户善意的提醒：如果不购买产品，那就会遇到这样那样的麻烦（即问题）或者会面临什么样的危险或隐患。在无形之中给客户造成压力，促使客户接受产品或者服务。但需要注意的是，这种"威胁"应该是善意的，在使用"威胁"策略时，要注意以下问题：

1. 态度要友善、诚恳，要显示出你是在为客户着想，让客户自愿地接受"威胁"。

2. 明明白白讲清客户不购买会产生的后果，让对方懂得其中的利害关系，让对方觉得你是在跟他讲道理，不是"强迫"他。

3. "威胁"应与产品益处说明等正面说服方法相互结合，否则的话，可能会引起客户的不安，沟通中出现不愉快。

4. 对客户的"威胁"要适度，不要激怒客户。

5. 给客户预留一定的思考时间，不要让他感觉是在受逼迫。

"威胁"策略只能在客户有明确的购买意向时才可以进行，万不得已不可轻易使用。当然，还要根据客户的类型采取不同的"威胁"方法。否则，不仅不会有助于销售拜访的进行，还有可能吓跑客户。另外，适当的时候，你要满足客户是"自己做主"的心理，做出适当让步，让客户觉得自己的坚持有了结果。这样一来，就更容易成功了。那么，在具体工作中，要如何应付这一拒绝，如何正确使用"威胁"策略呢？让我们看一看销售高手的回答：

话术1

"×先生，您说下次再说，当然可以。但是，我们知道很多事情可以等，而有些事情是不能等的。家庭保险就是帮助我们最大程度地降低未来事故发生的损失，但是任谁都无法预先知道意外会何时何地发生。所以，投保是刻不容缓的，是不能等的。如果等到下次再说，到那时候说不定已经来不及了。"

【点评】

首先，认同客户的观点，为继续沟通做铺垫，同时可以化解客户的反抗心理。然后，用诚恳、担心的语气说出不购买产品可能会出现的严重后果，让客户心生恐惧，进而迅速签单。

话术2

"我有一个客户，他最初也说再等一下，没想到后来出了一次事故（讲述这个客户由于拖延时间发生保险事故后，既连累了自己，又连累亲友的故事）。以上这些事，我不希望，当然也不会发生在您身上，因为我们都已做好了万全准备！如果没问题，您就在这张单上签字吧！"

【点评】

讲一个寓意深远的故事是说服客户的最好办法。客户在了解别人故事的同时，自己也会受到感触，或者给自己敲一记警钟，明白一些道理。这时候，销售人员不需要再说什么，客户就会自动"买单"。其实，在销售中的很多时候，销售人员都可以运用讲故事的方法说服客户。这些故事可以是介绍性故事：我是谁？为什么到这里？我能怎样帮助客户？也可以是引人注意的故事：使客户对你和你的产品感兴趣并予以注意。也可以是关于金钱的故事：向人们表示他们怎样买得起你的产品和服务，而你的产品和服务又是怎样让他们省钱、赚钱。也可以是关于家庭亲密的故事：向人们表明你的产品能使客户家庭幸福。还可以是关于安全的故事：表明你的产品能使人心平气和、情感安全、经济安全、人身安全，等等。

用故事说服客户时，要注意选用的故事必须围绕产品进行，以达到拜访目的为目标。当然，你还可以以产品为中心，编一篇令人喝彩的动人故事，以这个故事作为销售的武器。

情景十三
"你们产品的质量究竟怎么样"
——注重演示和数据，加强对方对产品的信心

【情景设置】

小艾是某知名家具公司的销售人员，主要负责销售各种床具。一天，一位男士进到店里后看上了一款床，同时按了按床垫，小艾迅速与客户搭话：

小艾："床垫的舒适程度用手是按不出来的，您要躺上去才能试出来。"

听了小艾的话，客户躺了上去。

小艾："感觉怎么样？您喜欢硬一点的还是软一点的呀？"

客户："你觉得我应该睡软的还是睡硬的？"

小艾："呵呵……这个我可就看不出来了，要看您自己的感觉。一般来说，男士背部肌肉比较结实，喜欢睡硬一点的。"

客户："我背上没肉。"

小艾："呵呵……有点瘦哦。西医不建议睡过硬的床，但中医就不建议我们睡过软的床，这两种说法都各有各的道理。如果睡一张过硬的床的话不贴腰，睡一夜腰是很累的。而如果床垫太软的话，腰臀就会往下陷，这个位置向下陷（演示），到老就很容易形成弯腰驼背的现象。为什么小孩子不能睡过软的床就是这个原因，因为小孩子的脊椎还在发育。您再侧身感觉一下这张床。"

客户："这个下面是弹簧吗？"

小艾："是的，这个下面是独立桶弹簧的，可以看一下（拿出产品说明书给客户看），您看，每个弹簧都是独立构造的，这种床垫在欧洲也被称为'爱心床垫'……"

客户："嗯，还不错。不过，你们产品的质量究竟怎么样？"

如果你是小艾，现在该如何应对呢？

□ 直接回复说产品没有任何问题。

□ 回避问题，转移话题。

客户询问产品质量究竟如何，是销售人员在销售过程中最常遇见的问题。很多销售人员常会使用以上两种方式中的任意一种回应。但是，这两种方式都不是最佳的方式。对于客户来说，产品的质量和价格是他最关心的——怕买到的产品质量不好，上当受骗。因此，如果销售人员用第一种方式回复，客户会觉得很虚假，销售人员说的越好，客户反而越担心。若采用第二种方式，转移话题也无法消除客户的疑虑。其实，产品好不好，不应该只用嘴说，还应该有依据，让客户自己亲自体验到，看到。这也是一种有效的销售方式，叫做感受营销，就是通过产品演示，让客户在视觉、听觉等感觉上形成综合的感官感受，有效地开展推销活动的过程。要运用这种销售方式，就需要客户的参与，只有让客户亲身从感官上，比如颜色、声音、手感、气味、味道等，体验到产品的优良性能、绝佳品质，才能进一步征服客户，让客户自己形成对产品的好感，从而下决心购买产品。

在进行产品演示时，销售人员要注意以下问题：

1. 演示产品的时候，销售应该尽量保证正面面对客户。

2. 演示的时候，要反复宣讲产品的独特个性，让客户接受它、认同它。

3. 在演示的过程中，应该及时提一些问题来吸引客户的注意力，保持和客户的互动，或者引发客户的思考。

4. 尽量让客户亲自参与进来。

一般而言，客户坚信耳听为虚、眼见为实、用过为真，而且都有强烈的好奇心，都希望通过亲身尝试、接触、操作来体验产品是否值得购买。因此，当客户问及产品质量究竟怎么样的时候，销售人员要设法引导客户进行亲身体验，让客户自己对产品的品质有一个直观的判断。在具体销售中，销售高手大多这样回复客户：

话术

"呵呵，床具的质量是要看其床撑是否结实、牢固。您看一下，这款床下面的排骨架是德国原装进口的功能性骨架，睡在床上，力的作用是相互的，躺上下压后，这种排骨架也会起到隐形按摩的作用。所有的排骨条都是采用空客A380飞机外壳材料制作的，一根就可以承受120斤的重量（演示：销售人员站在一根排骨条上）。您再看看，每根排骨条都是直接钉在床架上的。普通的床用久了都会发出'嘎吱、嘎吱'的声音，但这种床有缓冲扣，就像汽车减震一样，有减震减压的作用。"

【点评】

直接进行产品演示，直观的向客户展示出产品的质量，同时配合话术讲解，如举空客A380的材料例证、汽车减震的比喻说明，都形象地展示了产品的高品质。

话术2

"您应该转过很多家具卖场了吧？估计您对床具也了解很多，绝对不会盲目购买。××（产品品牌）连续14年销量第一！靠的是品质获得客户的认同购买。如果您还是不相信，您看，这是××机构出具的认证证书（拿出相关资料），他们在经过了连续9个月的调查之后，认为我们公司的产品完全符合国家标准……"

【点评】

客户要买某种产品，肯定会提前加以了解，不会盲目购买。如果自己的产品是知名品牌，销售人员就要毫不犹豫的告诉他，这个品牌一直是第一，质量当然没的说。然后，通过质量认证证书等材料加以证明，足以打消客户的顾虑。

话术3

"产品质量您就放心吧。虽然我不敢保证百分之百不出问题，但二十多年来，我们还没出现过一例因为产品质量而退换货的客户。我们有一位客户，他搬新居的时候购买的我们的床具，觉得非常好，后来，他儿子结婚直接就买的我们的产品，给孙子买的儿童床配的也是我们的床垫。"

【点评】

诚实的向客户表示，自己不能保证百分之百不出问题，认同客户的心理。随后，利用事例法，即通过别人使用过本产品的案例，向客户证明产品的质量。这种方法，简便易行，较易说服客户。

话术4

"我们公司是××机构××次国际会议的赞助商。在当次会议上，所有会

员都是使用的我们的产品。"

【点评】

借助那些影响力较大的人物或事件来加以说明，增加客户的重视程度，从而强化客户对产品质量的信任度。

"产品好不好，只有用过了才知道。"这不只是一句广告词，也是一种有效地营销方式。用演示法和客观的数据让产品自己为自己说话，最容易说服客户。

情景十四

"说的这么好，出了问题怎么办"
——微笑着向客户介绍本公司售后服务系统的实力

【情景设置】

负责销售家装漆料的销售员李沫去拜访一位客户，前期沟通非常愉快，客户也认同了李沫推荐的涂料，但到最后关头，客户却提出了疑问，下面是李沫与客户的一段对话：

李沫："高先生，这种涂料防水、防火，非常适合您的要求。"

客户："哦，这是环保漆吗？"

李沫："您说的没错，这是使用××环保材料，具有（讲述环保漆料的优点）……"随后，李沫提出问题："您家里有小孩子吧，更要注意选择质量好的漆料。"

客户："是啊，孩子刚4岁。"

李沫："为了孩子的健康，选择装修材料的时候一定要慎重"

客户："是吗？我还真没注意这些问题。那这个漆料会不会出现这种问题呢？"

李沫："您放心，我们这种漆料是（继续介绍产品优点）……我建议您就买这种吧。"

客户："说的这么好，出了问题怎么办？"

如果你是李沫，现在该如何应对呢？

□ 做出无奈的姿势，说："如果您这样说，我就没办法了。"

□ 不再理论，说："算了吧，反正我说了你又不信。"

□ 无言以对。

以上三种答复方式都欠考虑。第一种方式，这种语言表面看起来好像很无奈，其实却很强势，会让客户感觉自己很无趣也很没面子，潜台词的意思是——你这个人真不讲道理，我对你都没话说了，简直不想理你。第二种方式的潜在含义是"你反正也不会相信我说的，我懒得理你"。这样一来，客户会很恼火，拂袖而去。而无言以对则传递给客户这样的信息：理亏，默认了我的说法。这样一来，客户肯定不会购买。仔细想一下，客户这样说其实还是源于对销售人员以及所推销产品的不信任。此时，销售人员要做的就是建立客户对自己的信任。而要建立客户对自己的信任，销售人员平时要注意以下问题：

1. 态度要真诚。
2. 不要操纵别人。
3. 不要急于告诉客户"这都是你要的"。
4. 注意倾听与询问。
5. 表现要专业。

除了要注意以上事项外，销售人员还要时刻为客户着想，时刻表现出对客户利益的关心。客户就是这样，你只要关心他的利益(不一定是满足)，他就觉得你是个实在人，是个有诚意的好人。如果在销售过程中，销售人员能不时地表现出对客户的利益的理解、关心和帮助其实现的姿态，客户对销售人员的信任感就会大大增强。其实，客户问这种问题不是对产品的异议，而是对服务的异议，这也是下定决心购买的信号。对于客户的这种疑问，销售人员切不可草草应付，否则将功败垂成。在具体工作中，销售人员可以这样回复：

话术1

"当然，谁都不希望出现问题。但是，涂料本身只是个半成品，任何一个施工环节、基材处理、施工环境、涂料配比、油工水平都可能影响施工质量。所以，我们会认真对待，如果确实是我们的产品质量有问题，您放心，那就一切按合同办事，绝不让您有任何后顾之忧。若一旦发现问题，我们会立即派专业技术人员到现场解决，直至您满意为止。"

【点评】

首先，认同客户顾虑以使客户获取心理安全感，进而使其对销售人员产生好感。然后，再说明可能出现的一些问题，并承诺完善的售后服务。多管齐下，打消顾客的顾虑。

话术2

"我能够理解您的想法，不过这一点请您放心（轻松地一笑），我们做这一行已经十多年了，绝不会拿自己的商业信誉冒险。而且，我们公司有专业的技术人员，全天候24小时客服在线……"

认同客户的顾虑，使客户获得心理安全感。同时，轻松地一笑，也会给客户很强的安全感。最后，自信地展示出公司的售后服务系统的实力，让客户感觉与你合作没有后顾之忧。

总之，在这种情况下，销售人员一定要保持微笑，表现出自己的诚意，给予客户真诚的承诺，客户自然就会相信你。

情景十五

"产品出现问题得不到解决怎么办"
——耐心说服，强调产品质量的同时重复售后服务的承诺

【情景设置】

洪齐是某知名家用电器有限公司专卖店的销售人员。一天，一对夫妇到该专卖店购买洗衣机，经过反复沟通，客户看上了一款最新的全自动滚筒洗衣机，下面是洪齐与客户的一段对话：

洪齐："这款洗衣机是我们公司的最新产品，上市仅3个月就销售了××台……"

客户："好了，那就这款了。"

洪齐："好的，那我现在就给您开票。"

洪齐刚要开票，被客户拦住。

客户："等等，你们的产品质量有保证吗？出现问题得不到解决怎么办？"

如果你是洪齐，现在该如何打消客户的疑虑呢？

□ 向客户发誓，说不会出现问题。

□ 认为客户太杞人忧天。

很多销售人员听到客户这样问的时候，大多都会以以上两种方式中的一种方式应对，但这两种方式都不能很好的解决客户的异议。第一种方式，有忽悠欺骗客户的嫌疑，因为谁也无法保证产品不会出现问题，这样说反而会加剧客户异议。第二种方式，虽然说的是实话，但这种说法难以让客户接受，感觉不舒服。所以，有经验的销售人员遇到这种情况时，会耐心、真诚的去化解客户的疑虑。一般而言，客户这样问可能有很多原因，如：

1. 以前遇到过产品出现问题得不到解决的情况。

2. 做事谨慎的表现，想得到销售人员的承诺。

不管什么原因，客户这样问其实都是为了让自己买的放心。销售人员要做的就是给客户一个肯定的承诺，让客户放心的作出决定。

实际上，客户在购买某种产品时最关心的就是产品的质量和售后服务，此时，销售人员就可以在这两方面给予客户信心。下面是销售高手的应对话术，读者可参考使用。

话术1

"您担心产品出现问题得不到解决，这可以理解。不过，我们公司郑重向消费者承诺：自购买之日起，15天内出现任何非人为质量问题，消费者都可以自由退换产品；同时，还会得到我们公司200元的现金补偿。"

【点评】

利用同理心与客户产生共鸣，减轻客户的疑虑。随后，用实在的售后服务承诺打消客户的顾虑，让客户有一种被当做"上帝"的感觉，那么一切就都好办了。

话术2

"您就放心吧。我们的产品畅销十多年来，一直本着"诚信、负责"原则发展，从来没有发生过产品出现问题不解决这种情况。在本行业里一直有着很好的口碑。"

【点评】

向客户表明公司的企业宗旨，并举例说明多年来从没有出现这种情况。有这样的保证，客户一定会放心。

不管怎样，当客户提出这样的疑问时，销售人员都应真诚的给予理解，在强调产品质量可靠性的同时向客户重复讲述公司的售后承诺，让客户放心的购买。

情景十六

"说真的，我还是有些不相信你说的话"

——心平气和，摆事实讲道理让客户自己考虑

【情景设置】

某保健器材公司销售人员小高去拜访一位客户，整个沟通过程似乎很愉快，但客户还是表示出自己无法相信销售人员说的话。下面是小高与客户的对话：

小高："您好，×经理！不好意思，打扰您了，不会耽误您多少时间，和您说点私事！"

客户见快下班了，听他说说也无妨。另外，他说的是私事，有些好奇。于是，客户说道："你说吧，什么事？"

小高就从包里拿出一个产品，说："这是我们公司新推出的一个保健按摩器，非常的实用，您看一下。"

由于好奇，客户看了看说："这么小的东西也会按摩，不会吧？"

小高："那我给您做个试验，您体验一下"。

小高开始让客户进行体验。体验中，小高也没忘记介绍产品的好处，边演示边说："这个产品是高科技产品，而且很实用，它采用电脉冲原理，两节七号的电池每天用两个小时可以用三十天。像您经常用电脑，脖子累了可以按摩，您爱人在家做饭的时候也可按摩，家里有了长辈了也可以按摩……"

在这个过程中，小高发现客户似乎很喜欢这款按摩器，但好像也有顾虑。于是，小高又开始介绍产品的优点，说："我们这个产品是请专业人士精心设计的。我们已经申请了专利。"

客户："专利产品？是真的吗？安全吗？"

小高："您尽管放心，这款产品经过层层把关，安全系数绝对高。有了它，您可以随时随地接受专业按摩，迅速减轻您的疲劳感……"

客户："你说的一套一套的，不是忽悠人吧？说真的，我还是不相信你说的话。"

如果你是小高，现在该如何让客户相信你的话呢？

□ 无言以对。

□ 无视客户的疑问，继续推销。

遇到这种情况，很多销售人员不是不知所措、无言以对，就是故意忽略客户的问题，甚至进一步加大推销的力度。这都是不正确的。前一种方式是消极

的对抗态度，相当于自己主动放弃。后一种方式更不可取，本来客户就对销售人员心生警惕，如果再加大推销力度，口若悬河的说个不停，无疑会加剧客户的怀疑心理。其实，对于客户这种不信任的心理，销售人员要予以理解，毕竟掏钱买东西的是客户，谁也不想吃亏上当。再加上社会上确实有一些不良的销售行为，客户不相信销售人员也就不足为奇了。但理解归理解，最终的目的是达成交易。那么，当客户对自己的话表示不信任的时候，销售人员要如何进行沟通呢？可运用下面的五步法进行沟通：

第一步：通过提问找出客户的具体疑虑、担心和忧虑的地方。

第二步：使客户确信他的担心是有必要的。

第三步：对客户的疑虑进行解释，并提供事实依据。

第四步：询问客户是否消除了他们的疑虑。

第五步：请客户实施购买行为。

上面的五步法中，提供事实依据很重要，这些事实依据可以是研究结果、第三方的评论、文件、对比研究、产品的示范演示、实验验证，也可以是样品试用，还可以是列举满意度很好的客户并尽量说明他们是如何通过使用你的产品或服务达成目标的。当然，也可以用提及有影响的第三方（使用客户）来获取客户的信任。

话术1

"呵呵，您有这样的顾虑，我很理解。其实，你们这一层楼很多客户都卖了，您看这是你们这栋楼上的其他客户购买我们产品的资料，××公司的×××买了两台，某某公司的某某某买了……"

【点评】

销售成交的一个前提是客户对销售人员的信任，但大多销售人员"王婆卖瓜"式的产品介绍方式反而会适得其反，让客户对产品卖点产生怀疑。在销售过程中，销售人员不但要说明产品的好处，还要向客户证明产品确如自己所说的那么好。这里就是利用对产品很满意的客户做例证表明的。

话术2

"刚刚有个客户还给我打电话，让我再给他送去5台，他说这个按摩器用起来很方便，也很有效，要多买几台送给自己的亲朋好友。"

【点评】

这个回复方法与前面的异曲同工，这样举例，能充分调动客户的从众心理，消除客户的顾虑。

其实，客户最终的购买决定往往是由销售人员和客户共同做出的，这就和我们平时买大件产品时候总喜欢带个"懂行"的人前往是一个道理，客户需要一个人帮他说服自己做出最终决定。因此，一个成功的销售人员一定要记住：尽量避免把最后的决定权交给客户单独完成，尤其是还不清楚他在犹豫什么的时候。找出客户心中最后的疑虑，针对问题和客户一起解决。这样一来，客户就和你站在一起了。然后，趁热打铁，共同解决问题，拿到订单。

情景十七
"大的方面没太大问题，但细节得研究研究"
——趁热打铁，让客户明白"先购买再研究"才是明智选择

【情景设置】

某酒店要进行翻新装修，而且需要重新设计装修风格。某装修设计公司业务员小米得知后，经过多次沟通和拜访，终于到了最后促单阶段。这次，小米又去拜访客户。下面是小米与客户的一段对话：

小米："沈经理，对于这次装修设计我们已经沟通了多次，您看如果没有什么问题，我们就签订合同，开始施工？"

客户："你们装修质量、施工进度能保证吗？"

小米："这个您放心，这是我们曾经装修过的客户资料……"

展示资料，并加以说明。

客户："好，价格方面能不能再优惠点？"

小米："这个（为难的表情），沈经理，其实（开始婉转的拒绝客户的要求）……"

客户："好吧，这个价格我可以接受。我也看了你们提供的设计任务书，设计图纸和相关资料，大的方面也没有什么问题，不过，细节方面还得研究研究。"

如果你是小米，现在该如何打消客户的疑虑呢？

□ 顺从客户的意思，答应让客户再研究研究。

□ 主动向客户做出优惠及特别的售后承诺。

从客户的角度看，产品的质量、功能、价格往往是他最关注的问题，如果这些主要因素都能满足客户的要求，一般而言，客户都会下单。但也有例外，例如出于谨慎心理或者对销售人员不信任的考虑，或由于涉及金额过高、项目过大等原因，客户一人无法果断做出决定时，客户就会以"再研究研究细节"作为拒绝理由。此时，销售人员如果做出以上两种反应，那么就可能失去这个客户，或者会损失一些本来不必损失的利益（如做出价格让步）。这里，需要销售人员注意一个问题，那就是在推销的过程中，要随时注意客户是否已经发

出了购买信号，如果不能及时地识别，或者及时地询问客户的购买意向，就可能失去最后的成交机会。

一般来讲，客户作出以下行为，就相当于发出购买信号，具体如下：

1. 询问产品细节。如果客户没有购买意图，是不会对产品感兴趣的，更不会浪费时间在细枝末节的问题上。

2. 询问产品价格。只有客户想要购买产品时，才会询问产品的价格。此时，销售人员应趁热打铁，主动提出成交建议。

3. 询问售后服务。客户只有真心要买产品时，才会关心产品的售后服务情况。

4. 询问付款的细节。如果客户已经开始和你讨论付款细节，说明他已经决定购买了，此时必须停止介绍产品，对客户提出购买建议，促成销售。

有时候，销售人员会绷着一根弦，表现得过于热情和健谈，反而会成为销售成功的绊脚石。其实，当在沟通中出现以上情形时，销售人员就要尝试建议购买，如果你的建议没有得到回应，也不用灰心，最多会听到一个之前没有提到的不同意见，把它处理掉就是了。实际上，客户说"大的方面没太大问题，但细节得研究研究"这句话时，其实也算是一种购买信号，只不过他想拖延做决定。这时候，销售人员就要趁热打铁，不给对方一点拖延的机会。具体可以这样回复：

话术1

"谢谢您对我们的方案的认可。您说您要在细节方面再研究研究，您可以具体说一说是哪些细节吗？如果是设计细节方面，这您尽可放心，我们的设计师在设计领域非常有实力，做事非常细心、周到。在施工方面，您就更不用担心了，我们公司配有专业的装修队伍，能与设计师和您及时沟通。况且，签订合同后，您只是先付30%的预付款，如果出现问题，我们承诺全额退款。"

【点评】

首先，利用感谢法平复客户的心情。随后，提出引导性问题，引导客户说出真正的顾虑。同时，按照自己的理解向客户解释，让客户彻底放心购买。

话术2

"沈经理，我很理解您，毕竟这是一个很大的工程项目，谨慎一点是应该的。不过，对于细节方面，我们可以在施工过程中一起研究、讨论，这不比您凭空想象研究来的更有效、更科学？"

【点评】

肯定客户的顾虑，使客户感觉到自己被尊重。随后，向客户指出大家一起研究，在实际工作中及时予以讨论、改进比"纸上谈兵"更科学。这样一来，

客户就能很快做出决定。

总之，趁热打铁是促成最后下单的最有效的方法，销售人员应该熟练掌握运用，并与客户一起做决定，达到销售目的。

情景十八
"以前用过你们的产品，不好"
——稳住阵脚，让客户对产品有一个全新的认识

【情景设置】

燕霜是某知名品牌打印机销售人员。这天，燕霜去拜访一位客户，下面是燕霜与客户的一段对话：

燕霜："许经理，我可以请教您一个问题吗？"

客户："什么问题？"

燕霜："徐经理，以贵公司的规模，打印机的使用频率肯定非常高吧？"

客户："是啊。"

燕霜："那也就是说，贵公司对打印机的负荷要求非常高，是不是？"

客户："是，每月大约有7000张左右吧？就因为这个，我们已经换了很多打印机了。"

燕霜："今天我就是为您解决这个问题的，我们公司新推出一款打印机，每月打印量可达7500张，完全能够满足贵公司的使用需求……"

客户："你们是×××牌的，是吧，我以前用过你们公司的产品，不好。"

如果你是燕霜，现在该如何应对呢？

□ 直接否认。

□ 立即辩解，说这是客户的一面之辞。

□ 心生退意，觉得这个客户没有希望了。

很多销售人员听到这句话后，常常会做出以上三种反应中的一种，但这些显然都不是最佳的应对方式。第一种，直接否认客户的抱怨，客户会心生反感，认为销售人员是在找别扭。第二种方式也一样，立即辩解，说这是客户的一面之辞，客户会非常恼火，会立即结束与销售人员的沟通。而第三种方式则是消极的逃避态度，显然不是一个优秀的销售人员应做的。记住，当你碰到客户向你抱怨以前的产品不好时，千万不要有"真倒霉"的想法。相反，这种客户才是最有机会成交的客户。因为客户会向销售人员抱怨，就表明他对这种产品还抱有希望，或者还是认可的。否则，他根本不会答应面谈，浪费时间听销售人员的介绍。只要销售人员能抓住机会，稳住阵脚，就能再次取得订单。为了化解客户的抱怨，在再次推销之前，销售人员至少要做以下事情：

1. 向客户道歉。
2. 尽量化解客户的心结。
3. 探寻出客户不满的真正原因。

做到这三点，就能在后续推销中让客户安心，也能提醒自己不要再给客户带来同样的困扰。另一方面，找出真正不满的原因，能缩小客户抱怨的范围，有利于后续推销。当然，最好的解决办法是向客户分析和解释当时"不好"的原因，同时向客户说明现在的产品与过去相比大不一样了，重新树立客户的信心，激发他的购买欲望。具体可以这样回复：

话术1

"我们以前的产品曾为您带来不便，我感到很抱歉。许经理，您能否让我知道是什么原因让您觉得不满意呢？是产品不好还是服务不好？"

【点评】

这样运用询问法探出客户不满意的真正原因，同时将客户不满意的范围缩小，让客户自己明白他的想法是有偏见的。探明原因后，再向客户解释，客户就会放心了。

话术2

"许经理，您说的不错，我们公司有一段时间生产的×款打印机确实有过一些问题，其他客户也提出过严重抗议。经过这次事件，我们公司在产品的许多方面做了进一步的开发和改进。您还有什么顾虑和担心呢？"

【点评】

坦率的承认曾经的问题，并进行客观分析，一方面给了客户一个交代，解开客户的心结；另一方面向客户说明产品已做了很大改进，让客户对产品有一个全新的认识，自然就不会再排斥。

话术3

"呵呵，您说的对，但也不对。对的是这款产品与以前的同款产品包装上并没有改变。不对的是，这款产品的'内涵'已经完全改变了——变得更加方便、快捷、'肚子'更大，呵呵。其实，这款产品是在保持原有优点的基础上升级改进后推出的，因为大家已经习惯了它的旧包装，因此，只有将'内涵'大改特改了。"

幽默的向客户表明"此产品已非彼产品"，让客户对产品有一个全新的认识，心里就容易接受了。

总之，在这种情况下，销售人员必须稳住阵脚，谨慎应对，最终化危机为转机。记住，迫切成交的心情可以理解，但和客户的沟通一定要有方法，直线应对虽然省时却不省事，效果会大打折扣。所以，一定要养成曲线应对的表达方式。

情景十九

"保质期内出现问题，能退换吗"

——加强语气，重申售后服务的承诺

【情景设置】

安欣是某品牌摄像器材公司的销售人员，经人介绍认识了一家影楼的老板，这家影楼扩建规模，需要购买一些高品质的摄像器材。这天，安欣去拜访这位客户。寒暄过后，安欣向客户介绍了公司产品的功能，客户表示认可。因为安欣他们的产品是业内的知名品牌，客户对产品质量也很放心，双方在价格上也达成了一致。但是就在双方要签订合同时，客户却犹豫了。为了解除客户的疑虑，安欣开始询问客户：

安欣："房总，有什么问题吗？"

客户："我记得我有一位朋友买过一款产品，保质期还不到就出了问题，而厂家却不给解决。"

安欣："您是担心产品出问题，我们的售后服务不好吗？如果是这个原因，我可以向您解释一下……"

客户："哦，其实我的意思是如果在保质期内出现问题，能退换吗？"

如果你是安欣，现在该如何回复客户呢？

□ 快速回答："当然能退换。"

□ 告诉客户，具体问题具体对待。

这个问题是销售人员在推销过程中经常被问到的一个问题。很多销售人员听到客户这样问，不加思考的就会说"当然能退换"。其实，这种答复是有一定的风险的，因为产品退换也是有条件的，如果此时不向客户表述清楚，日后出现问题就可能会发生纠纷。而第二种方式，虽然这是实情，但生硬的语气会让客户感到不舒服，觉得销售人员有随口敷衍的意思，甚至会误解为这家公司的售后服务不好。一旦如此，就意味着销售失败了。其实，在与客户沟通的过程中，销售人员的声音、语气对于销售的成功有很大的影响。因此，在销售过程中，销售人员要学会利用自己的声音和语气增加感染力。

1. 语气要不卑不亢，充满热情，语速适当。

2. 发音要清晰，尽量不使用鼻音说话。

3. 控制说话的音量，必要时可以提高音量，压下客户的气势。

4. 保持合适的音调。如想使自己的话题引起客户的兴趣，可以稍微提高音调。有时，为了获得一种特殊的表达效果，也可以故意降低音调。

5. 要把握语调的分寸感，不要让客户产生误解。

6. 控制说话的轻重。一般来说，重要的词语或需要强调的内容应说得重些，句子中的辅助成分或平淡的内容则应说得轻些。

总之，在很多情况下，销售人员都可以借助自己的说话语气、声音达到一定的目的。就如，当客户问："保质期内出现问题，能退换吗？"销售员就可以加重语气，重申售后服务的承诺，让客户放心。具体方法如下：

话术1

"本产品质量保证为1年，如产品在保质期内出现质量问题，我们承诺将1:1比例补换同型号或维修不良产品。当然，人为损坏的除外。"

【点评】

这样回复时，一定要加重语气，让客户感觉你是值得信赖的。只要客户相信了你，那一定就都不是问题了。当然，售后服务的条件要讲解清楚，不能模棱两可。

话术2

"您放心，我们的产品有15天的保质期，也就是售后15天内出现质量问题无条件退换。15天后，但在保修期内，如出现问题，只要持有相关保修凭证，如发票或收款收据、保修卡等就可以享受免费的保修服务。"

【点评】

这样回复也一样要加重语气，清晰明确的向客户说明售后服务的承诺。但是，要注意向客户说明保质期和保修期的时间期限，以免发生误解。

其实，销售人员要明白，客户这样问大多数情况下是为了确定一下相关的售后服务，让自己放心。因此，销售人员对此也要认真、耐心、坚定给予肯定的回答。

情景二十

"保修期太短了"

——自信满满，强调产品质量，打消客户顾虑

【情景设置】

韦超是某知名太阳能热水器公司的销售人员，主要负责高端客户的太阳能热水器的销售。下面是韦超与一位别墅客户的对话：

韦超："邓先生，我们公司是专业生产太阳能热水器的厂家，在全国都有很高的知名度。"

客户："我知道你们这个品牌，不然也不会答应见你。"

韦超："邓先生，您真是一个爽快的人。像您这样的高端客户，太阳能的配备既要满足日常的生活所需，同时也要与您的别墅完美结合。因此，我向您推荐这款太阳能热水器，它具有……"

客户："这是全自动的吗？容量有多大？我们用水量比较大。"

韦超："是的，这款产品是智能产品，具有水位水温显示、自动上水、自动加热、事故自我诊断等功能；容量高达×××升，可以实现全天候24小时供应热水，完全能满足一日多人次的冲浴、盆浴、洗衣、洗涮、温水冲车等用水要求。"

客户："嗯，你们提供免费安装服务吧？产品外观可以定做吗？"

韦超："是的，我们全程免费送货、安装服务。产品外观也可以根据您的需求进行个性化定制。"

此后，客户还问了很多问题，包括产品价格、产品质量等，韦超针对客户的问题一一进行了有效地解答。由于提到产品质量，客户便提到了产品保修期的问题。

客户："这款产品保修期是多长时间？"

韦超："这款产品的使用寿命是15年，保修期按照国家规定主机免费保修三年，其他相关配件、系统免费保修一年。"

客户："保修期太短了。"

如果你是韦超，现在该如何回答这个问题呢？

☐ 严肃认真的告知客户，所有同类产品保修期都是这样规定的。

☐ 告诉客户，说："像这类产品，也许三年后您就换新的了。"

近些年来，消费者越来越重视产品保修期问题。因此，在购买某种产品，一般都会问到保修期，抱怨保修期太短。在这种情况下，销售员如果按照以上两种方式回复，估计最终会把客户吓跑。第一种方式，虽然说产品保修期是一个严格的规定，但很多公司的保修期长于国家规定的标准。这样回复无疑是对客户问题的抗议，客户肯定会不高兴，后续再促进成交就有点难度了。第二种方式，即使这是实情，也无需销售人员说出来。而且，这样回复给人的感觉是你的产品质量不好，客户肯定会放弃购买。其实，客户关心保修期的意思就是担心产品出现质量问题。因此，销售人员要自信的告诉客户自己所销售的产品的稳定性和可靠性非常高，并拿出相应的证据证明。例如：

1. 影响力较大的人物或事件。
2. 权威机构的证明。
3. 客户评价资料等。

注意：使用的证明证据要在保证真实的基础上具有更大的说服力，让客户明白购买你的产品可以绝对放心。那么，当客户提出"保修期太短了"的异议时，销售人员到底该如何应对呢？销售高手会这样说：

话术1

"对呀，产品质量好的话当然不用太长的保修期。像××(国际著名品牌产品)也才提供一年保修期，而某些品牌可以保修三年，但是人们还是相信××的质量。您说是不是？"

【点评】

顺从客户话语的同时巧妙地指出正因为产品质量好，保修期才短。然后，用对比举例法让客户明白他的顾虑是不必要的。客户自己想明白了，也就放心了。

话术2

"保修期虽然是三年，但是在这之后如果发生了故障，我们仍然会免费为您提供终身上门服务，只是会象征性收取一些零件费用，这在合同上会有详细说明的。要不这样，邓先生，我向公司申请，帮您申请一张金卡，可以享受五年的主机免费保修服务。您意下如何？"

【点评】

这样的回复无疑是给客户吃了一颗"定心丸"，让客户知道出了问题还是会给解决的，那么，他也就不会再在这个问题上纠缠了。

实际上，客户提出这个问题，一方面是担心产品质量问题，一方面是想争取更长的保修期，销售人员完全可以抓住这两个方面进行异议化解。

情景二十一

"算了，我还是看看别的吧"

——保持镇静，用心找到对方的突破口

【情景设置】

一家灯具专卖店里，一位女性客户要买灯，销售人员在初步了解了客户的一些需求外，向客户推荐了一款产品。下面是销售人员与客户的部分对话：

销售人员："小姐，您看看这款。这款灯（介绍产品的卖点）……我认为您家室内的设计风格配上这款灯，效果一定不错。小姐，光我说好看不行，来，您可以先试看一下这灯的光线效果……"

销售人员介绍完，客户不动，这时，销售人员接着说："小姐，灯具放在每一个地方都有它不同的效果，就如衣服您不穿在身上就看不出它的效果来。小姐，其实您买不买真的没关系，请这边跟我来……"

在试看效果的过程中，销售人员一边讲解，一边再次探问客户的意见。

客户："效果一般，算了，我还是看看别的吧。"

如果你是这个销售人员，你该如何应对呢？

☐ 说： 好的，那您再看看别的款式。"

☐ 不予理会。

当销售人员推荐一个款式的产品后，客户需要一点考虑的时间。因此，很多客户都会这样拒绝。此时，销售人员如果顺着客户的话说："那您看看别的款式吧！"就相当于将客户推开，不但不会留下客户，反而会促使客户快速离开。而且，这种回答没有继续挖掘客户真正拒绝的原因，而是在重要的关头作了妥协，因而极有可能产生"死单"。如果销售人员总是把客户说出来的表面理由当做真正拒绝的原因，那么达成的订单数量可能会少之又少。而第二种方式，听完客户的话不予理会的表现，表面看起来很糟，但实际也算是一种聪明的做法，虽然不能帮助客户什么，但至少给客户留了思考和自由的空间！但对促进销售成交而言，这种做法也不是最好的！

在大多数情况下，"看看别的"并不是一种真正的拒绝，而只是一种拖延。也就是说，客户有购买产品的可能性，但对产品的某些属性不那么满意。结合客户对产品属性的评价，我们可以做进一步的探询，寻求客户需求的真正诉求点。因此，销售人员要保持镇静，用心找到对方的突破口。具体可以用以下的方法找到客户的突破口：

1. 察颜观色。观察客户的表情、服饰、言谈举止，只要你善于观察，就会发现客户身上可以为你所用的突破口。

2. 以话试探。以话试探，引导客户，从中获取有用的信息。

3. 揣摩谈话。在同客户谈话时留心分析、揣摩，也可以在对方和自己交谈时揣摩对方的话语，根据以往的经验判断对方的心理，然后采取恰当的沟通策略。

总之，销售人员在销售过程中要想办法掌握客户身上某些容易被攻破的心理弱点，然后避其锋芒，引导对方心甘情愿地接受你和你的产品。在具体工作中，当客户以"看看再说"拒绝的时候，可以这样回复：

话术1

"是的，您有这种想法我可以理解，毕竟买一款灯具就要买最合自己心意的，这样买了才不会后悔。这样好吗？您再坐一会儿，我多介绍几款给您，您可以再多看看，多比较一下，这样考虑起来才会更加全面些……"

【点评】

首先，认同客户这种说法的合理性，争取客户的心理支持；然后，以此为理由顺理成章地为客户介绍其他几款产品，目的是延长客户的留店时间、了解客户的真实情况并为建立双方的信任打好基础。

话术2

"小姐，您说再看看，我非常理解。不过，我想告诉您的是，这款灯具非常适合您的情况，并且现在买也非常划算，您看它的款式、它的花色，还有做工。并且，这款灯库存也有限，如果不装在您的家里真的很可惜。这样好吗，我现在暂时给您保留起来，真的希望您不要错过这款灯，因为这款灯确实非常的适合您！"

【点评】

首先，用认同的话语让客户感觉你是站在她的角度考虑。随后，用稍带压力的方式引导客户说出拒绝的真正原因。然后，处理其拒绝点后立即引导客户成交。最后，如果客户确实想比较一下，就适当后退一步，但一定要为客户回头埋下伏笔。

实际上，化解客户的拒绝就是建立在不断分析、揣摩客户的心理、客户需求以及客户某些重要语句中表达出来的重要含义的基础之上的。只有这样做了，才能促成销售的成功。